JN166836

日本の地霊《ゲニウス・ロキ》

鈴木博之

角川文庫
20263

はじめに——「地霊《ゲニウス・ロキ》」とは

ここ十数年、「ゲニウス・ロキ」という概念を追いつづけている。こう言っても何のことやら解からないだろう。当たり前である。ゲニウス・ロキというのは、ラテン語だからだ。それは大きく言えば、物事を「場所」という観念から説き起こそうとする態度にもとづく発想から生まれる言葉なのだ。この言葉のうちゲニウスという語は、本来の意味としては、生む人、それも特に父性を示すものであったという。この言葉がやがて人を守護する精霊もしくは精気という概念に移行し、さらには人に限らずさまざまな事物に付随する守護の霊という概念にまで拡大して用いられるようになった。ロキというのはロコ（loco）あるいはロクス（locus）という言葉が原形で、場所・土地という意味である。

つまり全体としては、ゲニウス・ロキという言葉の意味は「土地に対する守護の霊」ということになる。一般にはこれは土地霊とか土地の精霊と訳される。しかしながら、これは土地の神様とか産土神《うぶすながみ》といった鎮守様のようなものとは考えられておらず、姿形なくどこかに漂っている精気のごときものとされる。ゲニウス・ロキとは結局のところ、ある土地から引き出される霊感とか、土地に結びついた連想性、あるいは土地がもつ可能性といった概念になる。この際注意しておくべきことは、ゲニウス・ロキという言葉のなかに含まれるのは、単なる土地の物理的な形状から由来する可能性だけではなく、その土地のもつ文化的・歴史的・社会的な背景を読み解く要素もまた含まれているということである。そうした全体的な視野をもつことが、ゲニウス・ロキに対して目を開くということなのである。

場所に蓄積されてゆく「土地の記憶」は、決して明快に説明しきれるものとばかりは限らない。不可解な、不合理な出来事もまた、ひとつの記憶となって尾を引いてゆくのである。すべてを白紙還元してしまうような現代の建築設計理論は、おそらく現在のみに生き、歴史や場所から切り離された抽象的な建築群か実利的な施設群しか生み出さないであろう。そうした建築群や施設群を、そのままで使う側のひとびとに受け止めてもらうには限界があることを知るべきであろう。

「地霊《ゲニウス・ロキ》」とは、土地の単なる因縁話や因果律ではなく、土地へのまなざしなのであり、都市や建築とわれわれとを橋わたしするものなのである。

日本の地霊《ゲニウス・ロキ》

目次

第二部　日本の〈地霊〉を見に行く

デザイン　小林剛（UNA）
地図作成　小林美和子

第一部

場所の拠り所

1

議事堂の祖霊はねむる――伊藤博文の神戸

国会議事堂のピラミッド屋根

国会議事堂の屋根のかたちは、どう考えても不思議である。ふつうあのような左右対称でクラシックな建物は、中央にドームを戴《いただ》く。アメリカの国会議事堂がそうであるし、ロンドンのナショナル・ギャラリー、ローマのサン・ピエトロ大聖堂など、そうした例は枚挙にいとまがない。それが古典主義建築の定石というものなのだ。

しかるにわが国会議事堂の屋根は、段々になったというか、階段状のピラミッドというか、じつにユニークな形態である。

もともとわが国には、公共建築は左右対称に建物の構成をまとめ、その中央に塔を上げるという伝統がある。明治以来の官庁の建築、官立学校の本館（たとえば東大の安田講堂）などを思い浮かべれば、それは即座に納得されるだろう。

国家の施設の総本山というべき建物が国会議事堂なのだから、それが堂々たる左右対称建築で、その中央に塔をもっていることは、当然なのであろう。

もっとも、左右対称式の建築は大正時代にはいると段々古くさくなってくる。大正には対称は流行《はや》らない。そして昭和初年（一九二六）には、主流ではなくなってゆくのだ。都市中心部全体がビル化してくれば、ひとりで威張っているような左右対称型は孤立してしまうからだ。国会議事堂は、じつはそうした伝統の最後を飾る力作なのだ。つまり、時代的にはすでにいささか古くなってしまった意匠を身にまとい、孤軍奮闘、孤立して建っているのである。なんとなく、国家の表象にふさわしいではないか。

しかしなぜ、遅れてきた左右対称式が国会議事堂の意匠を支配しているのか。

採用されなかった案、燃えた仮議事堂

よく知られていることだが、国会議事堂建築の実現には、長い長い道のりを必要とした。その紆余《うよ》曲折の歴史のなかで、意匠は古びたものになってゆかざるを得なかった。

はじめジョサイア・コンドルによって計画された最初の国会議事堂案、つづいて計画されたドイツのエンデ・ベックマン事務所による案はいずれも実現しなかった。明治二三年（一八九〇）に第一回帝国議会が召集されたときは日比谷《ひびや》の内幸町《うちさいわいちょう》の仮議事堂が急遽《きゅうきょ》建設

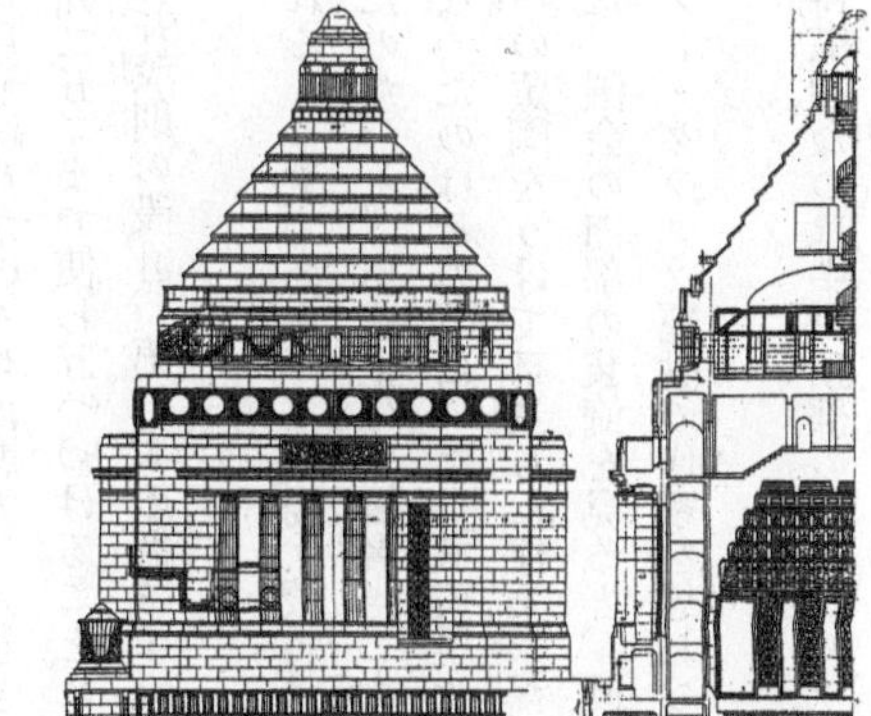

上　国会議事堂のエンデ・ベックマン案
中　国会議事堂正面図
下　国会議事堂の屋根部分

されてその場をしのいだ。しかしこの仮議事堂は二ヵ月も経たないうちに焼失。大急ぎでまたもや仮議事堂が造られ、これが大正一四年（一九二五）まで使われつづけることになる。最初の仮議事堂はA・スティヒミューラーと吉井茂則《よしいしげのり》の設計、第二次の仮議事堂はO・ティーツェと吉井茂則の設計だった。

内務省のなかに何度も議院建築の調査会が設けられるがうまく進まず、結局大蔵省営繕の官僚たちの設計によって現在の建築が生み出されたのだった。組織上は矢橋賢吉《やばしけんきち》、大熊《おおくま》喜邦《よしくに》らがその任に当たったが、実際にデザインを行なったのはその下にいた吉武東里《よしたけとうり》であったといわれる。彼は京都の高等工芸学校で武田五一《たけだごいち》の薫陶をうけて卒業した建築家だった。装飾に巧みであり、そのデザイン力は優れていた。国会の内部の装飾を見ると、硬い様式造型ではなく、英国一九世紀後半のアーツ・アンド・クラフツ運動の作家を思わせる流麗な装飾に出会う。これは吉武の力であろう。

しかし、国会議事堂のデザインにおいてもっとも特徴的なのは中央頂部の階段状ピラミッドを思わせる屋根だということになる。通常ならドームを戴き、その丸みをもった屋根がスカイラインを構成するところである。このデザインのもとは何か。

「霊廟のやうな議事堂」

吉武東里の遺族からの証言によると、彼は最初はドームを戴いたデザインをしていたにもかかわらず、それはあまりに西欧追随的なデザインであると批判され、それ以外の意匠を模索しなければならなくなったという。宇治《うじ》の平等院鳳凰堂のような瓦屋根も考えたが、今度は近代国家としての意匠にならない。吉武は、ドームと瓦屋根というふたつの一番オーソドックスな意匠を封じられたところで、国会議事堂の設計をしなければならなかった。そこで彼は別のデザイン源を求めた。

彼が選んだと思われるデザイン源のひとつの可能性は、階段状ピラミッド型のモニュメントとして知られる小アジア・ハリカルナッソスのマウソロス王の墓である。マウソレウム（霊廟《れいびょう》）の語源となったこの墳墓は有名であるし、その復元案に多くの建築家、考古学者がアイデアを出していることでも有名である。国会議事堂の階段状の屋根は、この遺跡にヒントを得た意匠としか思われない。

因《ちな》みに詩人の高村光太郎《たかむらこうたろう》は、昭和二二年に発表した連作、『暗愚小伝』のなかの詩「協力会議」のなかで、つぎのようにうたっている。

協力会議は一方的な
或《あ》る意志による機関となつた。
会議場の五階から
霊廟《モオゾレエ》のやうな議事堂が見えた。
霊廟のやうな議事堂と書いた詩は
赤く消されて新聞社からかへつてきた。

彼の年譜をみると、昭和一五年一二月から中央協力会議議員となり、昭和一六年の第三回会議まで出席したとあるので、この情景は昭和一五年の暮れか、翌年のものであろう。彼はこの詩の霊廟という言葉に「モオゾレエ」というルビをふっているので、そのイメージが西欧のものであることが解かる。外国生活の経験をもつ彫刻家であった彼は、西欧の建築史の知識をもっていた。とすれば高村が、明らかにハリカルナッソスのマウソロス王の墓を念頭においていたとしても、インテリとして不思議ではない連想である。

高村は「人民を抑圧する国家」の象徴として、「霊廟のやうな議事堂」とうたったのだろうから、あくまでも印象批評であって、国会議事堂にとっては片腹痛い話かもしれない。けれども、西欧建築史の一応の知識をもつインテリの端くれとして、わたしにも国会議事堂の屋根がハリカルナッソスのマウソロス王の墓としか思えなかった。だが、印象批評であるかぎりは、なかなかそれを口外するわけにはゆかない。

伊藤博文像の台座とグラント将軍の霊廟

疑問は疑問として、ながくわだかまっていた。だが、国会議事堂の屋根に霊廟のモチーフを戴くというのは、何としても奇妙であるし、ふさわしくない。デザインの源泉は別のところにあるのだろうか。

しかしここで興味を引くのが、国会議事堂のデザインの実施担当者だった吉武東里の恩師、武田五一とハリカルナッソスのマウソロス王の墓であるマウソレウムとの関係である。武田は明らかにこのモニュメントを知っており、彼が著わした教科書である『建築装飾及意匠の理論並沿革』には、英国のフレッチャーが著わした『建築史』の著作からコピーしたこのモニュメントの図が載せられている。吉武は武田の愛弟子《まなでし》であり、彼のデザイン観をよく受け継いだといわれているので、そうした師の好みを国会議事堂に応用したのではないかと思われてくる。だいたい吉武が国会議事堂の設計に携わることになったのは、武田に送り込まれたからだという説があるくらいなのだ。師の意を体して議事堂の設計にいそしんだ吉武が、師の好みのモチーフを議事堂のハイライトである屋根に用いたというこ

グラント将軍の霊廟

とか。しかしそれだけでは、そうした推理にはあまり必然性がない。

だが、ここに注目すべき作品がある。それは武田五一が明治四四年に神戸《こうべ》につくった伊藤博文《いとうひろぶみ》の銅像台座である。愛知県犬山《いぬやま》市の博物館明治村で開かれた「武田五一展」のカタログを調べていて、その存在に気づいた。これは伊藤博文の立像を据えたもので、その形は正しく階段状ピラミッドなのである。このときに伊藤博文の銅像台座に階段状ピラミッドが現われるのは説得力がある。なぜならば伊藤は明治四二年一〇月二六日に、ハルビン駅頭で暗殺されていたからであり、その直後に計画されたこの銅像は、彼の遺徳を偲《しの》ぶ性格を強くもつものだったからである。国家のために殉じた伊藤を、霊廟の語源ともなったマウソレウムのモチーフの上に立たせることは、きわめて意味のある意匠だったといえよう。

慰霊のための施設にハリカルナッソスのマウソロス王の墓を用いる例は、ほかにもある。

記憶に残っていたのは、ニューヨークのウエストサイドにあるグラント将軍の墓である。明治期に来日したことでも知られるこの将軍は、南北戦争の英雄であり、大統領にも選出された。彼が一八八五年（明治一八）に死んだ後、彼の霊廟が建設された。設計は建築家ジョン・ダンカン。これが明らかにマウソロス王の墓を主題にしているのだ。花崗岩《かこうがん》と大理石でつくられたこの霊廟は北米でもっとも大きな霊廟といわれる。ただしこの霊廟は上部が円筒状になっている。つまり台座のうえに円錐《えんすい》形の階段状ピラミッドが載っているのだ。けれども全体の印象は国会議事堂の中央部に驚くほど近い。

わたしは数年前、ニューヨークのコロンビア大学で開かれた小さな研究会に出席したとき、偶然このモニュメントを目にして、それがあまりに国会議事堂の頂部に似ているのに驚いた。グラント将軍の霊廟が完成したのは一八九七年のことであるから、それほどむかしのことではない。武田五一はこの霊廟を知っていたのかもしれない。そしてそれを伊藤博文の慰霊像の台座に応用したのかもしれない。

だが一方で疑問も残った。何故神戸に伊藤博文追悼の銅像が立てられたのだ。彼は長《ちょう》州《しゅう》出身ではないか。

神戸の大倉山公園に台座が

伊藤博文の銅像は、いまは失われている。戦時中の金属回収で供出されてしまったというのだ。そこまでしなければならないということは、すでに国力において敗《ま》けている証《あかし》ではないか。これまでも、戦前のビルの調査をすると、手摺《てす》りや格子、照明器具などの金属製品は大半が戦時中に供出されているのに出会ったものだが、ここまでとは知らなかった。

だが幸いにも、銅像の台座だけは残されているようなのだ。友人の建築家、安藤忠雄《あんどうただお》に調べてもらえまいかと頼んだ。彼は東大での同僚ではあるが、大阪で設計をし、神戸にも多くの作品があるからだ。早速彼は調べ上げ、資料も揃えてくれた。

銅像台座は現在も、神戸の大倉山《おおくらやま》公園に残されている。そしてその台座上部は階段状のピラミッド形式になっているのだ。「故伊藤公爵銅像建設顚末《てんまつ》」という書類も存在した。それによって、なぜ神戸に伊藤博文の銅像がいち早く建立されたのかも解かった。

「国運の興隆を扶《たす》け文明の進歩と平和の保全に心力を注き王臣匪躬《ひきゅう》を以《もっ》て自ら任し偉勲古今に稀《まれ》なる従一位大勲位公爵伊藤博文卿《きょう》は明治元年兵庫県初代の長官として任に此地《このち》に就かる当時我か神戸市は開港の初めに際し対外の折衝諸般の画策は専《もっぱ》ら公の施設に待ち其激励指導に依《よ》るもの多し」

つまり、伊藤博文は明治元年、初代の兵庫県長官として神戸の発展の基を築いた人物だったのである。これで伊藤の銅像がなぜ神戸に立てられたのかが解明された。地元では、明治四二年一一月六日に兵庫県知事官邸で発起人選定の協議をはじめて、事業を進めることにしたのだった。

伊藤博文の銅像（明治 44 年）

銅像は青銅製で高さは一〇尺（約三メートル）、原型の製作は千葉県の小倉惣次郎《おぐらそうじろう》が行ない、鋳造は東京市の久野留之介が担当し、明治四三年二月起工、翌年八月に完成した。台座の方は工学博士中澤岩太《なかざわいわた》の推薦によって工学士武田五一が設計し、明治四四年二月に起工、一〇月に完成した。台座は「四面方形の石造にして面積三十方尺より成り下層は野《の》面《づ》ら石を崩れ積とし上層は階段造りに畳積す総高サ三十一尺五寸なり」とある。階段状ピラミッドはここでは階段造りとよばれていたことも解かる。

大倉喜八郎

伊藤博文の銅像が立つ大倉山公園についても、銅像の建設顚末書類には記述があった。銅像は最初、神戸の諏訪山金星台《すわやまきんせいだい》に建立されることになっていたのだが、市の北に偏り過ぎているという難点が指摘されていた。そこに大倉山公園の敷地が浮かび上がったのである。

ここはもともと安養寺山とよばれる場所で、実業家大倉喜八郎《おおくらきはちろう》の別邸の敷地だった。伊藤博文はこの別荘を愛し、何度か滞在したこともあって、「青海長雲」と扁額《へんがく》に揮毫《きごう》したりしていた。そこで大倉はこの別荘の土地七〇〇〇坪余りと建物二〇〇坪を神戸市に寄贈すると申し出たのである。市民は大いに喜び、ここに大倉山公園が生まれた。だから伊藤博文の銅像は、正確には大倉山公園に建立されたのではなく、銅像が建立された土地が大倉山公園になったのである。こうした例としては、明治一一年に暗殺された内務卿大久保《おおくぼ》利通《としみち》の慰霊碑を建立するための土地が現在、東京のホテルニューオータニの脇にある清水《しみず》谷《だに》公園になっているのが思いだされる。けれども大久保の場合は暗殺された現場のかたわらに碑が建立されたのであり、伊藤のようにまったく離れた場所というのはめずらしい。

無論、大倉山公園の名前は、寄付をした大倉喜八郎を顕彰して名付けられたものである。

年譜によれば、大倉喜八郎は明治四三年八月に土地を寄贈し、それによって翌年三月に

「神戸市公園用として敷地建物寄付したる賞として金杯一組下賜」されている。大倉は伊藤の寵愛《ちょうあい》を受けてきたので、その恩に酬《むく》いるために土地を寄付したのだといっている。死して後、国民的英雄になっていた伊藤のためになげうってその慰霊の像を建立させる行為は、大倉の評価を高めることになったろう。大倉自身がそこを計算していたかどうかは解からない。

因みに彼の本邸は今のホテルオークラのある場所であった。彼の居間の様子は、伝記によればこうである。

「江戸見坂《えどみさか》の眺望に拠《よ》つた、三階の奥書院とも云ふ可《べ》き二十畳敷位の大広間には、南面して大きな唐机が据へられ、端渓《たんけい》の硯《すずり》と洗皿、光悦《こうえつ》流の水筆など整然と並べられ、墨の香りが豊かに流れて居ると云ふ、極めて垢《あか》抜けした装置である。翁は茲処《ここ》で読書三昧《ざんまい》に入り、吟懐に耽《ふけ》り、又《ま》た手習いもし、昼寝もするのである」

そしてこの本邸以外、神戸の別荘を手放した後も、向島《むこうじま》、箱根《はこね》、小田原《おだわら》に別荘を構えていた。けれどもかれは本邸から近い向島の別邸以外はあまり使わなかったといわれる。忙しすぎたのである。

なかで、小田原の別荘は建物が当時のままに残っていて、いまは「山月」という料亭になって使われている［のちに営業休止］。この別邸の場合、大倉は山県有朋《やまがたありとも》へのご機嫌伺いのためにたのではないかと思われる。なぜなら山県は晩年小田原に隠棲《いんせい》していたからであり、大倉の別邸は山県の別邸古稀庵《こきあん》と本当に目と鼻の先に建てられているからである。彼にとって別邸は、社交のための拠点だった。とすれば、まだ存命だった山県の前で、大倉が伊藤博文のために神戸の別邸を寄付してみせる行為は、山県に対してもよい印象を与えたはずである。神戸の別邸は伊藤公追悼のために使われることで、本来の役割を果たしたのだとも考えられる。

日本一の高さを誇った

神戸の大倉山公園には、是非行ってみたいと考えていた。ようやくチャンスが来て、関西で半日の自由時間の取れる機会ができた。学生たちを引率して毎年行なわれる関西建築見学旅行が、神戸で最終日を迎えるというスケジュールになったからである。

見学が現地解散となったその足で、一緒に学生を引率していた安藤忠雄と連れだって大倉山公園を目指した。というより、彼の好意溢《あふ》れる案内に従ったのである。

出かけてみると思ったより大きな公園だった。野球場もそのなかには設けられている。けれども、もとは大倉喜八郎の別邸だったのだと思ってみると、敷地は豪壮な別邸が構えられるにふさわしい地勢を備えている。坂をのぼるアプローチの道路も、大きな門構えを

伊藤博文銅像台座

想像すると一層それにふさわしい寄り付きに見えてくる。公園に入ってその入口近く、神戸市内を見晴らせる場所に、確かに台座は残されていた。

「なかなか立派やねえ」と安藤も感心している。来た甲斐《かい》がある。

写真で見たとおりの台座が、頂部の銅像を欠いたすがたで目の前にある。台座も予想以上に大きい。しかし、どういうわけか、台座の周囲にはフェンスが巡らされ、なかなかに近寄れないようになっている。落書きを防ぐためだろうか。ホームレスのひとがそこに寄り添って寝るのを防ぐためだろうか。

よく解からない理由ながら、フェンスは厳然として目の前にある。苦労しながら写真を撮るが、どうにもフェンスが邪魔である。それでも台座の意匠を確かめ、その印象を胸に焼き付けてから、公園を後にした。

だが、ここでいよいよ最後の疑問が登場する。この台座のデザインが遥《はる》か後になって、なぜ国会議事堂の頂部に再び応用されなければならなかったのか。信じられないことだが、国会議事堂は完成したときには日本で一番高い建物だったのである。中央の塔は、それまでの日本一だった日本橋《にほんばし》の三越デパートの塔の高さ六〇・六一メートルを抜いて、六五・四五メートルの高さを誇っていた。そこには機能だけではなく、国家を象徴する何らかの意味が込められなければならなかったはずである。それは何に求められるべきであったのか。

おそらくそこに、伊藤博文という政治家の位置が関係しているだろう。伊藤は兵庫県の初代長官であったかもしれないが、それだけで神戸に銅像が建立されたわけではない。彼が命を失ったのは、初代統監として韓国併合政策に重要な役割を果したからであったが、伊藤自身の位置はもうすこし異なるところにあると見るべきであろう。

メメント・モリ

彼は一八八二年に渡欧して憲法調査に当たり、プロイセン憲法を学んで明治憲法制定の中心となった。それゆえにこそ神戸に立てられた彼の銅像は、「公が畢生《ひっせい》の心血を濺《そそ》かれたる帝国憲法草按《そうあん》を手にし、フロックコートを着し、遠近山海の勝を瞻《あおぎ》みて直立せる英姿に擬せしもの」とされたのであった。一八八五年に彼は内閣制度を創設し、初代の内閣総理大臣となった。一八九〇年に国会が開設されると初代貴族院議長となる。

国会議事堂を建設するに当たって、もっとも深く想起された人物こそ伊藤博文ではなかったか。吉武東里は、国会議事堂の意匠をまとめ上げる過程で、幾度となく国会の歴史を振り返ったことであろう。そこにいつも浮かび上がるのが最後に国家のために殉じた伊藤博文のすがたではなかったか。恩師の武田五一が彼のために用いた意匠は、その度に国会の頂部を飾る意匠としてもふさわしいものとして思い起こされたのではなかったか。ドームも瓦屋根も封じられたなかで、吉武が思い浮かべた師のデザインは、まことにふさわしいものと思われたはずである。国会の中枢に存在する人格を伊藤博文に置いたとき、吉武の意匠ははっきりと形をなしたのではなかったか。

いつの時代にもわれわれが求めているのは意匠の「普遍性」ではなく、そこに神話的なものが付与された「固有性」なのではなかろうか。伊藤博文の影がそこにある。この意匠は国会に集まる議員たちに、無言のうちに先人伊藤博文の、命をかけた国政への参画の道を示そうとしたのではないか。それはいわば国家的スケールでの「メメント・モリ（死を思え）」というメッセージではないか。こうした意匠が生まれるのも、昭和戦前期ならではである。国会議事堂の建築は昭和一一年（一九三六）に完成する。そしてこれが、戦前における公的な建築の最大にして、最後の表現になった。

わたしは神戸の大倉山公園を訪れたときの印象を思い起こす。かつての伊藤博文の銅像台座のそばには野球場が広がっていたが、訪れたとき、そこには阪神淡路大震災で被災したひとびとのための仮設住宅が建ち並んでいたのである。時代は移っても、われわれは常に日常の奥に潜むものに思いを凝らさなければならない。

銅像のために寄付された公園に、いまや銅像は無く、野球場が広がっていた。それが仮設住宅建設用地として役立ったのであるなら、震災の被害から復興した暁には、この土地を預かる者はあらためて「メメント・モリ」のモニュメントを建設する義務に思いを致すべきであろう。

2

聖地創造――丹下健三の広島

日本の近代建築の出発点

広島は瀬戸《せと》内海《ないかい》に面した中国地方随一の都市である。「ヒロシマ」の名は、平和都市として世界中の人に知られている。数年前、アメリカでわたしの講義を聞いてくれたハーヴァード大学の学生が何人か日本にやってきたとき、彼らは東京を訪れたあとで、当然のように広島に向かっていった。それはアメリカの知的エリートのひとつの行動パターンのようにすら思われた。

無論それは原爆の被災都市を訪ねるという、アメリカ人にとっては自己の戦争責任を考える、一種の聖地巡礼の旅である。だが同時に学生たちにとっては、それは日本の近代建築訪問の巡礼の旅でもあったはずだ。というのも、わたしは広島は日本の戦後近代建築の出発点であるという講義をアメリカでもしていたからである。その学生たちは建築を専門に学ぶ学生ではなく、人文系の学生たちだったから、広島をどう見るか、どちらの可能性もあった。

けれども結局そのふたつの要素は、広島の平和記念公園を訪ねることによって、一度に満たされたはずである。何故ならば、広島平和記念公園こそ、被爆都市広島の記念碑であり、同時に日本の近代建築の出発点であるからだ。

近代建築の理念は、一九一〇年代から一九三〇年代のあいだに、ほぼ提出されていた。近代建築の巨匠たちとよばれることになる建築家たちのひとり、ミース・ファン・デル・ローエは一九二一年（大正一〇）から二三年のあいだに、ガラスのスカイ・スクレイパーの案など、近代建築のイメージを提示する五つの重要な計画案をまとめ上げており、おなじく巨匠とよばれるル・コルビュジエは一九一四年にドミノという、彼にとっての近代建築の原型モデルを示し、一九二六年には「近代建築の五つのポイント」という考え方を示しているからである。そして一九二七年には、ドイツのシュトゥットガルト近郊で、ヴァイセンホーフのジードルンクという住宅建築展が開催されている。これは実物の建築を建ててしまうという建築展で、ここには近代建築運動の主要な作家たちがすべて参加している。

だから一九二〇年代末には近代建築のイメージは成立してしまっていたのだが、それが現実に世界に拡がってゆくのは第二次世界大戦後だった。

日本の近代建築が世界の建築界に本格的に登場するのは、ちょうどこうした近代建築の世界制覇のプロセスが進行していた時期だった。日本が敗戦から復興しはじめてゆく時代は、世界全体にとっても、新しい近代建築が本格的に建設されてゆく時期だったのである。

日本の伝統を応用

広島平和記念公園は、昭和二四年（一九四九）に設計競技が行なわれ、昭和三〇年に完成した。そしてこの計画は、建築家丹下《たんげ》健三《けんぞう》が戦後日本の建築界の主役となることを約束するできごととなった。一九五一年のＣＩＡＭ（近代建築国際会議）の第八回大会に参加した彼が、そこでこの広島平和記念公園計画を発表することによって、日本の建築が戦後世界にデヴューするきっかけとなるからである。

戦後の日本建築は、これ以後現在にいたるまで、世界中から注目されつづける位置を占めることになるけれど、その出発点がここにある。ハーヴァード大学の学生が、東京のつぎに広島を訪れるのは、正解なのである。

昭和二〇年に広島に投下された原子爆弾の悲惨を伝え、同時に広島の復興の出発を示すものがこの計画だった。その施設の中心には、ル・コルビュジエが提唱したピロティ（独立柱)で、二階に持ち上げられた広島平和記念資料館が設けられた。ル・コルビュジエはピロティを、建物を持ち上げることによって大地を人間に開放する装置だと主張した。ル・コルビュジエの影響の強いこの建築は、ピロティといい二階の壁面に取付けられたルーバー(日除《よ》けの竪《たて》仕切り)といい、すべて近代建築の語法を用いた作品である。これこそ日本の近代建築の出発を飾るにふさわしいマニフェストであった。

けれどもここには、日本の建築的な伝統を近代建築に応用した部分も驚くほどに多かった。中央の平和記念資料館の左右には、国際会議場と平和記念館が建てられたが、これらの建物に用いられたコンクリート打ち放しの柱と梁《はり》は、日本の木造建築が築き上げてきた柱と梁の構造を強く意識した表現となっている。そしてモンドリアンの抽象画を思わせるような壁と窓のデザインは、日本建築の白壁と障子の組み合わせによる抽象的な壁面構成にむしろ近いものだった。

ピロティの下のブリッジや、左右の建物の軒下の部分には、日本の庭園に見られる飛び石のようなパターンの舗装が施されたりしていて、いっそう直接的に日本の伝統的造型の応用が見られていた。

極めて純粋な近代建築の造型言語と、日本の伝統的な建築構成や造型のモチーフを並存させているところに、この建物の独創的な点がある。これらふたつの要素が、キッチュな

広島平和記念資料館の
ピロティ

広島平和記念資料館

折衷に堕すことなく、それぞれ最高度に洗練されたすがたで組み合わされ、一体の建築となっているのである。

ブルーノ・タウトと日本の近代建築

丹下健三は日本の伝統的な造型の典型として、京都の桂離宮《かつらりきゅう》に代表される質素で簡素な様式を取り入れた。桂離宮と近代建築は、ともに建築の構造体を外観に示し、外部には目だった装飾をもたず、建築の材料がそのまま建築のテクスチュアとなるという点で、じつに共通するものであった。かれは広島平和記念公園の計画全体をつうじて、そうした近代性と日本の伝統の両立を示したかったのであろう。そしてそれは見事に成功していた。

桂離宮と近代建築の共通性は、しかしながら丹下健三がはじめて示したものではない。昭和八年に来日し、三年ほどを日本に過ごしたドイツの建築家ブルーノ・タウトは『日本美の再発見』などの著作をつうじて、桂離宮の美しさを評価し、それが近代的な美意識に一致することを力説していた。彼の考えかたは日本のなかで近代建築を追究していた建築家たちの共感をよび、日本人が戦後本格的に近代的な造型を実践してゆくときの大きな励みとなった。

日本の伝統的建築の構成は近代建築と共通する特質をもつという判断は、タウトの指摘によって弾みをつけたかのように、すでに戦前において多くの建築家たちのあいだに定着していた。丹下健三の大学時代の恩師である岸田日出刀《きしだひでと》や藤島亥治郎《ふじしまがいじろう》らはそうした視点を用意していた。そうであればこそ、多くの建築家たちは戦後いちはやく、自信をもって近代建築への道を歩みはじめることができたのである。丹下健三の先輩にあたる建築家の前《まえ》川国男《かわくにお》や坂倉準三《さかくらじゅんぞう》らの仕事にも、近代建築の表現と日本の伝統的建築の造型言語が絶妙の取り合わせで用いられているのを見ることができる。

けれども、そうした下地があったからという理由だけで、日本の戦後建築が世界の建築のなかで瞬く間に重要な地位を占めるようになったと考えるのは、いささか楽天的にすぎるだろう。

日本の伝統的な建築の造型のなかには、確かに二〇世紀の近代建築運動が目指した造型と共通するものが数多く存在する。そしてそのような目で日本の伝統的建築を見つめ直した日本の近代建築家たちが、西欧の近代建築に比肩しうる作品をつくり上げてきたことも事実である。けれども、伝統などというものは、どこに何を見るかによって、如何《いか》ようにも「発見」できるもので、もともと固定的に存在するものではない。

日本の伝統が簡素で直線的な、桂離宮や伊勢神宮《いせじんぐう》のようなものだと言うことは不可能ではないが、おなじように日本の伝統は装飾的で華麗で複雑で、ある種の猥雑《わいざつ》さを備えると語って、装飾古墳や日光や江戸の錦絵を取り上げることも十分に可能なのであるから。しかも、分類はこうした二分法による杜撰《ずさん》なものだけでなく、いくらでも多くの要素をもち出すことが可能なのだ。

要するに、物事を固定的な「本質」によって捉《とら》えようとしてはいけないということなのだ。個々のケースにおいて、何がなされているかを考えるほうが、個々の真実に迫れるはずである。

原爆ドームを望む構造

で、丹下健三の広島の計画では何が行なわれたのか。

広島平和記念公園の中心に建つ建物は、ピロティの上に載った平和記念資料館であるが、公園計画全体の中心はこの建物ではない。この建物の北側には広場が設けられており、毎年八月六日の原爆記念日には無数の人によって埋め尽くされる。われわれが平和都市「ヒロシマ」を意識する瞬間だといってよいだろう。

世界ではじめて原爆の被害を受けたひとびとに思いを馳《は》せ、平和を祈る瞬間である。けれども平和の観念はどういうわけか常に「国際平和」という言葉によって現わされるせいか、国際性を帯びる。そこから平和運動は逆に国際政治の力学によって左右されたりもするわけだ。要するに「平和」は国際性を帯び、「民族」とか「伝統」とかはナショナリズムの色彩を帯びる。もっと単純にいうなら、「左翼」は「平和」でインターナショナルであり、「右翼」は「民族」でナショナルである。そうした視点で見ると、この広島平和公園の広場は、日本でもっとも国際性を帯びた場所なのかもしれない。

そもそも広島を国際平和に関連づけて論ずるときには、日本人でさえ「ヒロシマ」と書いたりする。戦後民主主義のなかで育った高名な作家は『ヒロシマ・ノート』を書いたくらいだ。そう、ここは戦後民主主義のメッカなのだ。もっとも国際的に知られた場所であり、そこには戦後民主主義の精神が横溢《おういつ》しているのだ。その意味で、広島が「ヒロシマ」とよばれるのには理由があるのだ。広島平和記念公園は、だから日本でもっともインターナショナルな場所だ。

HPシェル型の原爆慰霊碑

だが、この場所の本当の性格を知るには、もう少しここを歩き回らなければならない。この広場のさらに北側には平和記念公園の本当の中心である原爆慰霊碑が立っている。これはHPシェルという数学的な曲面でできている。HPシェルとは放物双曲面という曲面だ。放物線を双曲線に沿って移動させたときに出来るカーヴである。これは数学的に解析可能な曲面だったので、戦後の体育館やホールの屋根にしばしば用いられた。

しかし、広島の慰霊碑がHPシェルのかたちをしていることは、戦後の時代を感じさせるものであるが、考えてみればこうしたかたちの碑というのも変なものである。ふつう碑というのは墓石のようにどっしりと密実で、永遠性を感じさせる形態をとる。ピラミッド型も密実で永遠の象徴だ。それなのに、広島の慰霊碑は屋根に使うようなかたちを採用しているから、中空のトンネル型をしている。向こう側が抜けているような記念碑というのは、あまり例がない。これは意図的にこうしたかたちを選んだとしか考えられない形態なのだ。

丹下健三によるこの計画の最初の段階では、慰霊碑はもっと大きなアーチ型をしていた。虹《にじ》のアーチをもう少し急にしたような、門のようなすがただったのである。それが小さなかたちに変更されて実施されたのだが、中空で向こう側が透けてみえる形態であるという発想は一貫している。

広場に集まったひとびとはこの慰霊碑に花を捧《ささ》げ、平和を祈る。祈りのためにひざまずき、あるいは頭を下げたひとびとは、このHPシェルのトンネル型をした慰霊碑を通して、その先に建っている原爆ドームの姿を見ることになる。慰霊碑は、それを透かして原爆ドームを見据えるための装置なのだ。すべての焦点は原爆ドームなのであり、そこに向かって計画は周到に練り上げられている。

原爆ドームとよばれる廃墟《はいきょ》は、もともとは一九一五年にチェコ人建築家ヤン・レッツルによって広島県産業奨励館としてつくられたものだった。原爆の爆心地に近かったこの建物は、被爆によってドームの鉄骨だけを残したかたちで崩壊した。

原爆ドーム

この建物は、鉄骨の骨組みの上に、銅板で葺《ふ》かれたドームをもっていた。原爆の熱線は銅板を溶かし、鉄骨を剥《む》き出しにした。つづいて襲った原爆の衝撃波は、隙間だらけになった鉄骨の間を通り抜けて、下の床や窓を吹き飛ばした。このような理由で、きわめて不思議な廃墟が出現したのである。もしもこの建物がコンクリートや石のドームでできていたら、最初の熱線には耐えられても、つづく衝撃波によって木端《こっぱ》微塵《みじん》に破壊されて跡形なく消え去っていたであろう。

鉄骨だけになったドームのすがたこそ、原爆の破壊力のすさまじさをもっとも印象的に示す広島の都市内の廃墟なのである。

簡単に言うとこうなる。広島平和記念公園計画は、この原爆ドームを見つめる位置に、中空になったＨＰシェル型の慰霊碑を設け、その軸線を延長した位置にピロティによって持ち上げられた平和記念資料館を配置したものなのだ。

厳島神社との相似

広島平和記念資料館で用いられたピロティは、ル・コルビュジエが提唱したような、大地を人間に開放するための装置であるよりは、原爆ドームのすがたをピロティの反対側からも印象的に眺められるようにし、原爆ドームと慰霊碑を結ぶ軸線を建物に遮られることなく延長させるための装置、超越的な軸線を通過させるための装置なのである。

広島平和記念公園の計画は、原爆ドームをすべての中心に置き、この一種聖性を帯びた廃墟に捧げられた場所を造り出すための計画なのである。こうした場所のデザインは、ただちにわれわれに厳島《いつくしま》神社の境内配置を想起させる。

古代からの古い起源を誇り、平清盛《たいらのきよもり》が深く帰依したことで知られるこの神社は、広島におけるもっとも有名な神社であり、いまでも広島を訪れた観光客は、必ずこの神社まで足をのばす。

厳島神社の印象的なところは、この神社が海に向かって開かれた、無限につづく軸線をもっていることである。本殿は海に向かって建ち、その前には桟橋のように海に突き出たデッキがのび、その先の海中には朱塗りの大鳥居が立つ。

現在われわれはこの神社の前に立って、鳥居を通して海を眺めるが、舟によってこの神社に参詣《さんけい》するひとびとは、鳥居を通して本殿のすがたを拝むのである。そしてそれがこの神社の本来の参詣の仕方であった。

もともとこの神社は、厳島という島の主峰である弥山《みせん》のすがたに古代のひとびとが神霊を感じ、それを畏敬《いけい》の念をもって祀《まつ》ったのが起源ではないかといわれている。島は神聖な聖地であり、ひとびとはそこに舟で海上から詣《もう》でたのである。

したがって厳島は、瀬戸内海の交通・商業の要衝であるという性格をもちながらも、同時にそこは浄化された聖域であるという意識も強かった。島には神官や僧侶《そうりょ》以外に町人も住みついて、町が形成されていったけれど、つねに島を清浄に保とうという念を神官は抱いていた。

中世の厳島の神官棚守房顕《たなもりふさあき》は晩年の著作『房顕記』のなかで、「島のなかで高く煙を上げて物を燃やしてはならない」とか、「島に布を織る機織り機を持ちこんではならない」とか、「親が死んだら陸地に運び、七日間は島に戻らず、その後も舟に寝泊まりし、七五日たったら舟から奥山に移り、九十日になって忌まれに入り、九六日でようやく家に帰り、九九日目に百ヵ日を弔い、百二十三日目で人と付き合ってもよい」など、じつに細かく記している。

こうした記録を紹介した後藤陽一、松岡久人は、こう述べる。

「房顕が書き留めたこれらの禁忌は大名権力の保護もあって浄域保持に効を奏した。例えば毛利《もうり》元就《もとなり》は厳島合戦後、血で汚れた海岸の砂を除いて社頭を清め、浄域保持の範を示した。こうして、一時俗化の危機に立った厳島は神の島としての特異な禁忌習俗をよく保存して、第二次世界大戦終了時にまで至ったのである」(「厳島の歴史」『秘宝　厳島』所収)

もともと厳島神社の社殿が浅い海辺に建てられ、汐《しお》が満ちると神社全体が海の上に浮かぶようにつくられているのも、神の島のなかに社を建てることを憚《はばか》ったからではないかと思われるのだ。聖域はあくまでも背後の山であり、神社はそれを拝むための場所を与えるものなのだから。

海上から厳島神社に参詣し、鳥居越しに神社のすがたを眺め、その背後に聳《そび》える神の山である弥山を拝むというのが、ここでの基本的なコンセプトなのである。これは山を神体

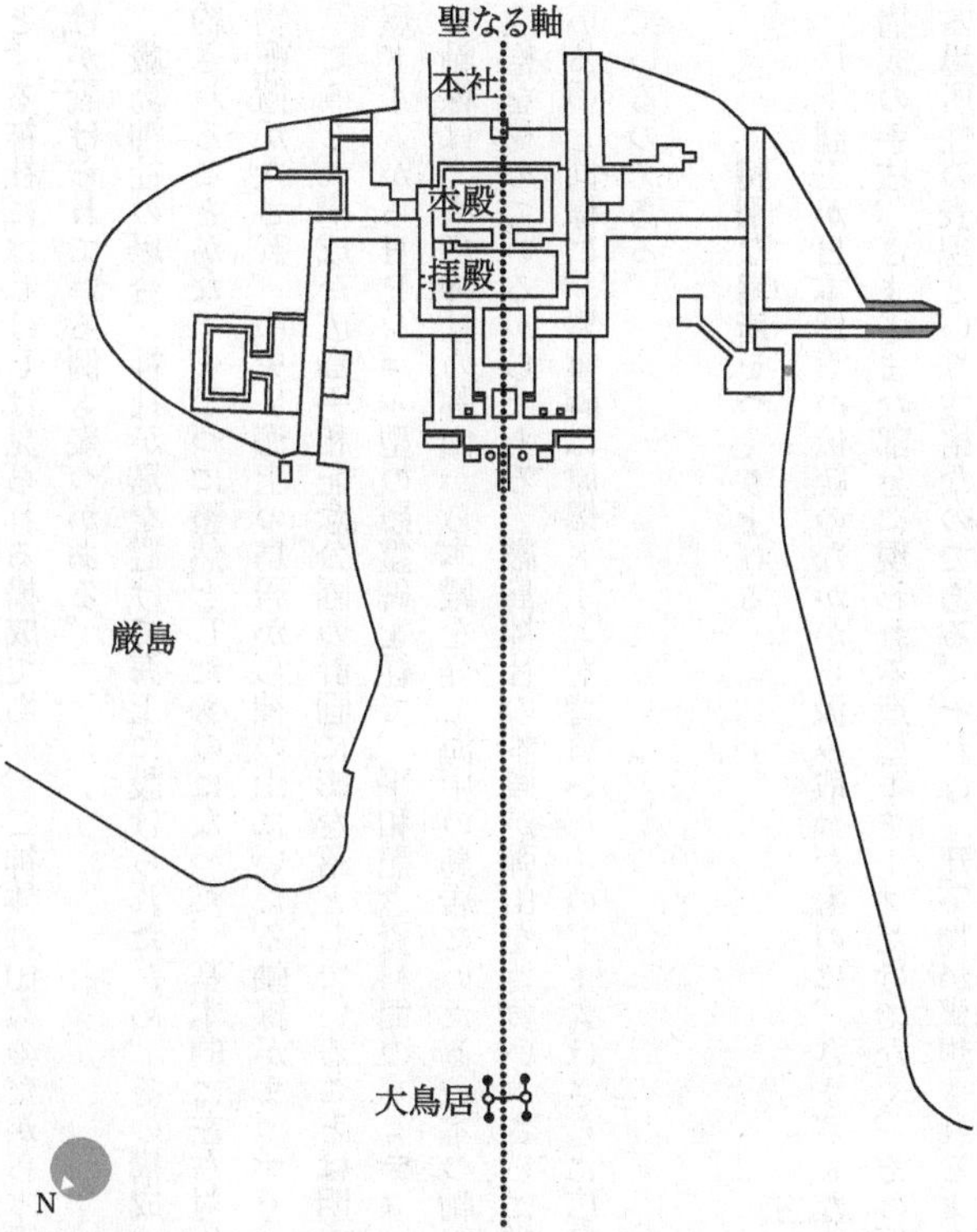

厳島神社配置図

とする神社にはしばしば見られる構成であり、ご神体は山なのだから本殿はなくて拝殿だけが設けられている例も幾つかある。

厳島神社の場合、神社が島を避けて海上に設けられたため、その構成は地形によって制約されることがなく、じつに整然としたものになった。基本的に左右対称の構成をもつ建物配置がなされ、中央に海上の鳥居から神の山にいたる軸線がまっすぐに通る。

こうした構成が広島平和記念公園の計画に影を落としていることは明らかであろう。原爆ドームからHPシェル型の慰霊碑を経て、平和記念資料館のピロティの間を貫いて延びる軸線は、厳島神社の弥山から本殿を経て海中の鳥居にいたる一本の軸線とまったく同じ性格を秘めているからである。厳島神社の本殿が弥山を背負い、さらに厳島全体を負っているのと同様に、慰霊碑は原爆ドームを背負い、そのドームはさらに広島の町全体を負っているのである。

特別な場所をつくり上げる

丹下健三が日本建築の伝統のなかから汲《く》み取ったものは、さまざまな次元における空間構成の手法、さまざまな部分に現われる造型モチーフだけでなく、その根底に存在している場所性の表現という性格なのである。それは、建築物が構想されるまさに出発点におい

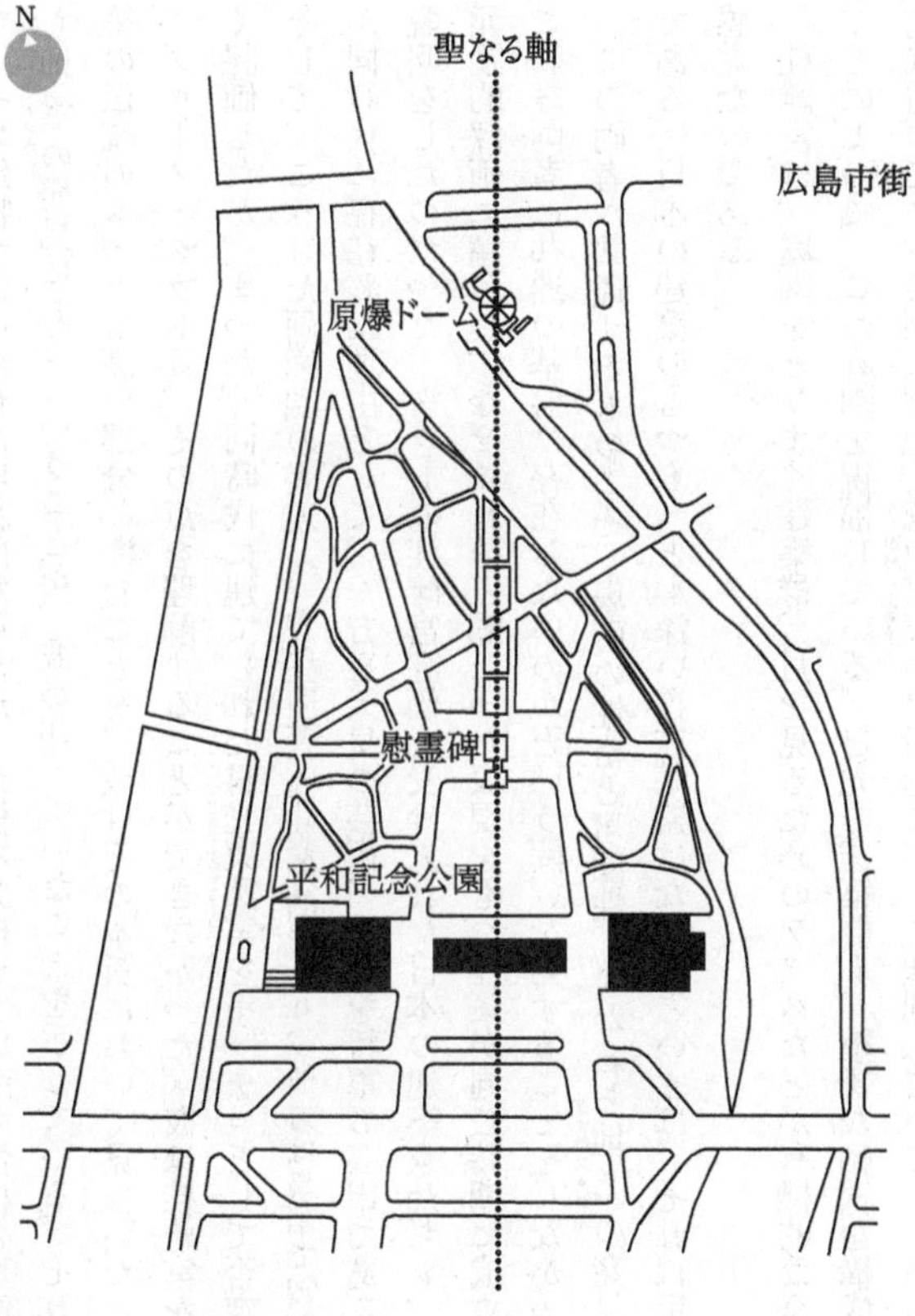

広島ピースセンター配置図

て、その建物が建てられなければならなかった根本原理が、場所の性格と可能性、すなわち地霊《ゲニウス・ロキ》の発見にあるということを、彼が知っていたことを示している。それが日本の建築の伝統のもっとも深い部分に潜むことを、彼はその本質において見抜いた。

ブルーノ・タウトは、その点を理解することができなかった。彼は桂離宮をきわめて高く評価したが、まったく同時代に建てられた日光東照宮《にっこうとうしょうぐう》をキッチュとして否定し去った。そして、こうした両極端の表現（一方は簡素で非装飾的であり、他方は豪華で装飾的である）が同時代に存在した理由として、一方を天皇の芸術、他方を将軍の芸術であるからという説明をしたのだった。タウトの桂離宮評価を受け入れた日本の建築家たちも、こうした二元論的評価に満足し、なぜこれほど隔たった表現をもつ建築が同じ時期に成立したのか、これら両者に共通の基盤は存在しないのかという問いを発することをしなかった。

この両者に共通するものこそ、場所の性格と可能性、すなわち地霊《ゲニウス・ロキ》の発見という態度である。日本の建築のもつもっとも深い存在基盤はなにかといえば、それは場所に対する感覚なのである。

桂離宮は、庭園をとりまく建築群、月を見るためのテラスなどが有機的な全体像を結ぶことによって、この庭園を祝福している。日光の建築群も、複雑な軸線を構成しながら、初代将軍である東照大権現、徳川家康《とくがわいえやす》の墓所をこぞって聖別しているのである。

特別な意味をもつ場所を建築群によってつくり上げることこそ、日本建築のもっとも深い伝統なのである。それは天皇とか将軍といった政治体制に根ざすというより、民俗の古層に根ざした原理だといってもよいかもしれない。

カリスマ的デザインが宿る

丹下健三が広島平和記念公園の計画に携わるようになったのは、彼がこの町に馴染《なじ》んでいたからである。彼は後にこう回想している。

「戦後まもなくの時期に戦災復興院という、これは後の建設省の前身ですが、そこが戦災で破壊された都市の復興計画を立てるということで各地の計画に着手していました。ところが当時はまだそうした分野のエキスパートがいない時代でしたので、若い建築分野の研究をしている人たちにチームを組んでやってほしいという依頼がありました。当時の私は東京大学大学院を修了して助教授になったばかりでしたが、常々そういうものに対してやってみたいという気持がありましたので、かつて高校時代を過ごした広島を希望しまして、研究室にいた浅田孝《あさだたかし》、大谷幸夫《おおたにさちお》の両君などと一緒に広島の復興都市計画に名乗りをあげ、担当することになりました。（中略）それ以外にもいくつチームがあったかは正確には覚えておりませんが、かなりの数であったように思います」（『戦後建築の来た道行く道』、東

京建築設計厚生年金基金刊）

つまり広島は、丹下健三にとっては旧制の高校時代を過ごした思い出の地であったのだ。当然彼は厳島神社も知悉《ちしつ》していたに違いない。因《ちな》みに彼は広島の対岸、愛媛県の今治《いまばり》市の出身である。

彼はすでに戦時中の一九四二年に行なわれた大東亜建設記念造営物という建物の建築設計競技において、伊勢神宮に由来するかと思われる屋根に特徴のある建物群を、富士の裾《すそ》野《の》に建設するという案を提出して見事一位を獲得していたし、翌年行なわれたバンコクに建つ予定の日本文化会館の設計競技でも、寝殿造りか大嘗祭《だいじょうさい》の施設を巨大化したような案で、またもや第一位に輝いていたから、伝統的な建築物のもつ力は十分に知悉していた。

時代が戦後に変わり、場所が広島に変わっても、彼の発想は一貫していた。知り尽くした広島の町を舞台に、厳島神社の構成を用いる計画を纏《まと》め上げることは、彼にとってはむしろもっともリアリティが感じられる作業だったろう。われわれが国際平和を祈念し、戦争反対に思いを凝らす場所は、戦後民主主義の理念の発露というよりも、日本人の民俗の古層に根ざした、神社の構成に近い構造をもつ場所なのである。

丹下健三がこの計画によって世界の建築界にデヴューし、その後、東京オリンピックの中心施設、大阪万国博覧会の中心施設、そして二度にわたる東京都庁舎の設計などによっ

慰霊碑周辺

て、日本を代表する建築家となっていったことは、いまさら述べるまでもない。彼の建築案が幾度となく国家的行事の中心施設に用いられ、圧倒的支持を受けつづけたのは、そこに一種の超越的なカリスマ的デザインが宿っていたからである。われわれは無意識のうちに、それがわれわれの民俗の古層にまで触れるものであることを感じたのである。

その実際の出発点が広島平和記念公園の建築群なのであった。

もう一度、この公園の中心をなす慰霊碑に注目してみよう。このモニュメントはよく見ると水を張った堀割のようなものによって囲われている。その水は慰霊碑と原爆ドームを結ぶ軸線上に人が入り込んで、ここに張り渡された超越的な軸線をかき乱すことがないようにと設けられたものであり、同時に厳島神社の大鳥居が海上に立てられていることを想起させるものでもあるのだ。ここはもっともインターナショナルな場所なのか、それとももっともナショナルな場所なのか。

3 本四架橋のたもとには——耕三寺耕三の生口島

西の日光

「西の日光」という言葉を聞いてからずいぶん経つ。瀬戸内海の島に、「日光のうつし」のような寺があるというのである。

歌人の吉井勇《よしいいさむ》は『観光か、信仰か、いづれともあれ瀬戸田町《せとだ》の『西の日光』と称せられる耕三寺《こうさんじ》は、瀬戸内海中異彩のある偉観である』と述べている。そう、「西の日光」耕三寺は瀬戸内海の瀬戸田町の生口島《いくちしま》にあるのである。

生口島は、本四架橋《ほんしかきょう》(本州四国連絡橋)の三番目のルートとして開通した今治・尾道《おのみち》ルートのなかにある。このルートは「しまなみ海道」といわれるだけあって、いくつもの島を経巡《へめぐ》って本州から四国に渡る。まず尾道から向島《むかいしま》へ、そして因島《いんのしま》へと渡る。そこから渡るのが生口島だ。ルートはさらに大三島《おおみしま》、伯方島《はかたじま》、大島《おおしま》とつづいて、ようやく四国にたどりつく。

瀬戸大橋によってむすばれる児島《こじま》・坂出《さかいで》ルート、また明石海峡大橋《あかしかいきょうおおはし》と鳴門大橋によって淡路島《あわじしま》経由で結ばれる神戸・鳴門ルートに比べれば、こまめに島をたどる「しまなみ海道」は、途中の景色や名所を楽しみやすいルートといえるかもしれない。

橋を使わない場所は、対岸の三原《みはら》市から船で渡ることが多い。渡し船といった風情のこのフェリーボートは、金閣寺を船の上に乗せたような形をしている。耕三寺を意識したデザインなのだ。無論、これ以外にもさまざまな航路のフェリーが運航されているようである。こうしてたどりつく生口島は、広島県瀬戸田町の中心をなす島である。

だいたいこの島は、アイデアのある島で、日本で最初にレモンが栽培されたというレモン谷という場所があったり、それを意識して最近になってつくられた「シトラス・パーク」という柑橘《かんきつ》類を集めたテーマパークもある。さらに日本画家の平山郁夫《ひらやまいくお》の出身地だということで記念の美術館があり、ベル・カントホールというコンサートホールもあれば、むかし流行《はや》ったNHKテレビの連続ドラマ「ひょっこりひょうたん島」のモデルだという、ひょうたん型をした小島が海に浮かんでいたりする。そうしたにぎやかな島にあって耕三寺は、新しいものを島のなかにつくりだす試みのパイオニアだったのである。だが、なぜそれが西の日光なのか。

単純に、ここには日光の陽明門《ようめいもん》のコピーが建っているからである。それだけではない。この耕三寺は全山これ模倣の産物というか、コピーの集積というか、いずれにせよ他に由緒をもつ建物の写しが建ち並んでいるのである。

コピー建築のオンパレード

すこし丁寧に、順を追ってこの寺を訪ねてみよう。まず道路から山内にはいる山門は、京都御所紫宸殿《ししんでん》の門と同じ形式だという。手本になったのは昭和天皇の即位の時につくられて、後に平安神宮の裏手にある京都の武徳殿《ぶとくでん》の門になった門らしい。その形式を採用して、こちらは鉄でつくった。そして彩色も施されていて、寺院の山門らしくなっている。鉄は耕三寺内のほかの建物にも採用されているが、それには訳がある。そのことについては、あとで触れよう。

その山門を通って中にはいると中門がある。これは奈良の法隆寺《ほうりゅうじ》の中門を真似たという。たしかにこの門は出入口の中央に柱があって、法隆寺の中門に似ている。

ここを潜《くぐ》り抜けると目の前には室生寺《むろうじ》の五重塔を原型にしたという五重塔があり、大慈母之塔とよばれている。室生寺の塔が檜皮葺《ひわだぶ》きであるのに対して、こちらは銅板葺きであるし、すこし本物より大きいのではないかと思われる立派さだ。

この塔の左右には、大阪の四天王寺《してんのうじ》の江戸時代の金堂をもとにしたという、同じかたちをした法宝蔵と僧宝蔵が、なかなかの偉容を誇っている。この二棟の建物の屋根は、大阪の四天王寺で実際に建設された復元建築と同じく、錣葺《しころぶ》きという形式でつくられている。これは入母屋《いりもや》の屋根の原型というべきもので、切り妻屋根の周囲にひさしがぐるりと四周を巡って取付けられたかたちをしている。しかしこれらの建物が、両方とも、建物の横から入る形式になっているのは奇妙なところである。

そばには奈良の新薬師寺《しんやくしじ》の鐘楼をもとにしたという鐘楼もある。

そのつぎに現われるのが孝養門《こうようもん》とよばれる門で、これこそが日光東照宮の陽明門の写しなのである。この門の意味を考える前に、まずはどんどん境内を見て歩こう。

境内にはほかに、京都府の日野法界寺《ひのほうかいじ》の阿弥陀堂《あみだ》のかたちを模した至心殿と信楽殿があり、琵琶湖《びわこ》畔の石山寺《いしやまでら》の多宝塔を模した多宝塔、法隆寺の夢殿を縮小コピーした八角円堂（聖徳堂）などもある。

そして本堂（阿弥陀堂）は京都、宇治の平等院鳳凰堂のコピーなのである。これも多少プロポーションを変えているけれど、たしかに鳳凰堂に見えなくもない。全山まことに多彩なコピー建築のオンパレードだということが解かるであろう。

耕三寺山門

五重の塔

孝養門

耕三寺耕三

耕三寺は潮声山《ちょうせいざん》耕三寺という。これを建てたのは耕三寺耕三《こうぞう》という人物で、彼は大口径の鋼管の製造によって財をなした。彼のもともとの名前は金本《かねもと》耕三というらしい。本人は、この寺は耕三が建てたお寺だから耕三寺、そして自分はその建立者で住職だから耕三寺耕三と名乗ったようである。

けれども耕三寺の「耕三」とは、「仏教の基本である三つの宝、すなわち仏・法・僧(三宝)を耕すと言う意味です。仏とは如来さま、法とは如来の説かれた真理、僧とはそれを広める人たちの団体です。また、過去、現在、未来の三界を耕すとも意味します」とも説明されたりするので、耕三という名前自体が後から付けたものかとも思われてしまう。謎めいた神話をつくることも大切なのかもしれない。

彼の両親はともに生口島の生まれである。

彼の回想『耕三寺夜話』によって彼の人生を見てみると、耕三は明治の末年に大阪のオキシゼーヌ・アセチレーヌ会社というところに小僧として勤めはじめ、そこのフランス人技師から熔接《ようせつ》技術の手ほどきを受け、スチールの熔接技術に革新を加え、大口径の鋼管を製造することに成功したらしい。

昭和二年に大阪で、日本径大鋼管製造所を設立して、社長となった。その頃、母親のために郷里の瀬戸田に住まいを建てはじめている。これは潮声閣と名付けられたかなり凝った建物で、床柱は黒柿、廊下は紫檀《したん》の板、天井は総桐張りという豪勢なものである。小さいころに九州の炭鉱地帯の直方《のおがた》で父を亡くし、母ひとり子ひとりで育った彼の孝行の心のなせるわざだったらしい。やがて母が亡くなると翌年に得度《とくど》して僧侶となり、耕三寺の建立に着手するのである。この寺の山号は、母のために建てた潮声閣に因《ちな》んで潮声山とした。この寺のところどころに鉄材が用いられているのは、彼の仕事が鉄を加工することだったからである。いわば、お家芸が鉄材加工なのだ。

以後、つぎつぎに堂塔を建設しつづけ、昭和三九年にようやく日光陽明門の写しである孝養門の完成にこぎつける。けれどもこの門は、完成以前からすでに「西の日光」の名とともに有名になっていた。孝養門がこの寺のなかでもっとも力を入れて造営されている建物であることは誰の目にも明らかだったからである。

成功した実業家が郷里に多くの施設を寄贈する例はしばしば見られるので、この耕三寺の建立もそうした成功者による「郷里への恩返し」の一例とも位置づけられるだろう。しかし彼は本業を住職の方にしてしまい、会社は縁者に経営を任せてしまった。会社の方は、名前が少し変わったが、いまでも大阪市西淀川区《にしよどがわ》に存続している。彼の技術は、長つづきするオリジナリティを備えていたのだろう。けれども面白いのは、彼が建立した耕三寺の方はオリジナルの建築群ではなく、「写し」から成り立っていることだ。

当人の回想によって窺《うかが》うと、日光東照宮は、彼が新婚旅行で訪れた場所だったらしい。そこで目にした陽明門を自分の寺のハイライトにしたらしいのである。母のため、そして妻のため、さらには自分の人生の軌跡の記録として、多くの建物がさまざまな場所から呼び集められたように思われるのである。それをマガイモノの集積であると見做《みな》して、趣味の悪い贋物《にせもの》、あるいはキッチュな模造品の集まりと切り捨てる人もいるだろう。確かに建物の再現の仕方はかなり恣意的《しい》で、それぞれの堂塔の大きさも仕上げも、もとの手本に比べると自由にアレンジされているようだ。

けれど、こういう行為はどこかしら人間の根本的な欲求のひとつであるように思われてならない。それは自分の世界のなかに、自分が人生のなかで経巡《へめぐ》ってきた「場所」を呼び集めようとする欲望なのだ。

ハドリアヌス帝の試み

はなしをぐっと遠くにまで拡げてみるなら、古代ローマの皇帝だったハドリアヌス帝が思い浮かぶ。彼はローマ帝国最盛期の皇帝であり、五賢帝とよばれた皇帝たちのひとりである。

ハドリアヌス帝は、帝国内をひろく旅した。彼の一代前の皇帝トラヤヌス帝の時代に、ローマ帝国は最大の版図を画していたから、彼が継承した帝国は広大だった。彼に因んだ名はいまでもヨーロッパ各地に見出《みいだ》される。

有名なものが、ローマから遥《はる》かに遠いイングランド北部に残る、「ハドリアヌスの長城」といわれる遺跡だ。これはローマ帝国の境界をなす長城で、延々とつづく石垣の防塁である。また、現在ローマ法王庁の施設として用いられているカステル・サンタンジェロ(聖天使城)という要塞《ようさい》は、もとはハドリアヌス帝の墓として建設されたものだ。

皇帝自身、旅を好み、またギリシア文化にも憧憬《しょうけい》の念を抱くメランコリックなところのある人格の持ち主だったという。彼が人生の暮れ方になって営んだのが、ローマ近郊のティヴォリにあるハドリアヌスのヴィラとよばれる広大な離宮である。彼はここに自分の人生の「場所」を凝集した。そこにはギリシアの有名なギャラリーであったポイキレや、アカデミア、カノプス、そして冥府《めいふ》であるハデスまでつくられていた。彼は自分の離宮に、世界そのものを再現しようとしたのだった。

ローマ皇帝でありながらギリシア文化の賛美者だったハドリアヌスは、そこにギリシア彫刻のコピーを並べた。コピーといっても大理石を刻んでつくった模刻である。彼は盛大

ハドリアヌスのヴィラ

にギリシア彫刻の模刻を行なったので、それはマガイモノの域を脱して、いまでは貴重な資料となっている。ほんもののギリシア彫刻が失われて、ハドリアヌスによる模刻だけで知られる彫刻も多いからである。

現在では無論廃墟《はいきょ》となっているが、ハドリアヌスのヴィラはいまでも多くの人が訪れる魅力的な場所である。夏の暮れ方、広大なこの廃墟を彷徨《さまよ》って、思いもかけず円形の池のなかに建つ神殿のような建物の廃墟に出会ったり、崩れかかったドームをもつ浴場の廃墟に行き当たったりするのは、現代人のロマンチックな心情に訴えかける体験であるし、ハドリアヌスの心を読み解きたくなる体験である。

こうしたハドリアヌスのヴィラの試みと

ハースト城

比べるのは話を大きくし過ぎると非難されることかもしれないが、スケールはちがっても、耕三寺にも同じような世界の再現といった意志が感じられないだろうか。彼もまた、自分の生涯の思い出を込めて、耕三寺のひとつひとつの建物を構想していったに違いないからだ。

同じような例は他にもある。戦前のアメリカの新聞王といわれたランドルフ・ハーストは、女性建築家ジュリア・モーガンに命じてハースト城とよばれる広大な別荘を西海岸につくっている。その中心には、ちょうどハドリアヌス帝のヴィラのようなローマ風の白いプールが設けられている。

戦後では、石油王のゲッティ財閥がハリウッドの近く、マリブという場所に、古代ローマの大邸宅をコピーして、ギリシア・ローマの美術品コレクションを展示するための建物を建設している。

ハーストは、オーソン・ウェルズの名作映画『市民ケーン』のモデルだといわれているが、彼の別荘にも、そしてゲッティの美術館にも、彼らが生涯のなかで追い求めていた理想の場所の再現がみられる。それは何もない（と考えられていた）新世界の成功者が夢見る、旧世界には存在していた（と彼らが考えた）理想郷再現なのだろう。そして、わが耕三寺にも、おなじ夢が込められているのだ。

日本観光百選

耕三寺の建つ生口島は、耕三寺耕三の郷里であった。彼は母をそこに住まわせるとともに、郷里を有名にしたいとも願ったようだ。戦後、毎日新聞が日本観光百選を読者投票で選ぶという企画を行なったとき、彼は瀬戸田町、生口島、耕三寺がセットで有名になることを願って、

「百選に当選すれば大きな声で『広島県の瀬戸田町です』。落選したときは小さい声で『尾道の近所です』」

と描いた漫画をつくって投票をよびかけたという。結果はめでたく当選で、生口島は日

本観光百選に選ばれた。彼の面目躍如である。このあたりが、吉井勇に「観光か、信仰か、いづれともあれ瀬戸田町の『西の日光』と称せられる耕三寺は」と、皮肉っぽく書かれる所以《ゆえん》でもある。

だが、ロマンチックな心情としっかりした計画性がこの事業を支えたのだろうことは、容易に想像がつく。彼は生口島を何物かにしたかったのだろう。そのままでは「尾道の近所です」というアイデンティティしかもたないと感じたとき、彼はそこに「西の日光」をもってこようと決意したのだろう。ハドリアヌス帝のような人生の回想と、ハーストやゲッティのような成功者による理想郷の再現への情熱が混合したところに、耕三寺が生み出された。

彼はこういう。

「耕三寺はお寺である。それに『西の日光』といつの間にか参拝者が言う様になった。それから暫《しばら》くたった或《あ》る日知人から『僕は東の日光にお詣《まい》りして来た』という手紙が来た。南朝と北朝があったり、西本願寺と東本願寺があり、これとは意味が違っても、『西の日光』と『東の日光』がある様になると、本当の日光が無くなりはしないかと徳川将軍に相すまぬ様な気もする。然《しか》し生口島のためになる事ならと思って、東照宮を代表するという陽明門を原寸通りに耕三寺境内に建立することを発願《ほつがん》したのである」

「ここではない場所」

「西の日光」は可能だったのだろうか。場所を「うつす」という事業は成功したのだろうか。無論、場所は移動しない。土地は不動産というくらいだからだ。だが、ここには何か「ここではない場所」が生まれ出て、漂っている。それを何とよぶのか、にわかには名付けられない。

　江戸時代から、日本各地には名所の写しがつくられた。また、ある場所を名所に見立てることもしばしば行なわれた。東京・音羽《おとわ》の護国寺《ごこくじ》境内には、江戸のころ、四国八十八ヵ所の霊場が写されていたという。そこを巡れば本当の四国遍路を行なったのとおなじご利益《りやく》があるといわれた。じっさい、それぞれの霊場の写しには、本当の霊場から運んできた土が埋め込まれていたという。それによって、「場所」の力がうつされると考えられたのだろう。ご利益を生むには、それなりの律儀さが必要とされたのである。

　それに比べると生口島の耕三寺はもっと自由というか、ノンシャランスというか、体系性を備えているわけではない。余人には窺い知れない理由によって、さまざまな建物がここには呼び集められているのだから。しかも大阪の四天王寺の江戸時代の金堂をもとにしたという、同じかたちをした法宝蔵と僧宝蔵、あるいは京都府の日野法界寺の阿弥陀堂のかたちを模した至心殿と信楽殿のように、ひとつの原型からふたつの建物をつくったりしている。つまりコピーを二回行なってふたつの建物にしてしまったりしているのだ。この辺の自在さは、江戸の人もかなわないところである。

そこで思いだしたのが、おなじように本州四国架橋のもうひとつのルート、明石から鳴門に抜ける道路のほとりに建てられた美術館である。この建物の設計の準備に多少関係したので、そこでの計画を垣間《かいま》みることができた。

大塚国際美術館がそれで、鳴門大橋の四国側のたもとに建っている。ここには西洋の絵画が陶板に焼き付けられて原寸大に複製されて展示されている。しかもその展示は、環境展示、系統展示、テーマ展示に大別されていて、そのうちの環境展示というのはもともとの壁画や展示空間をそっくり再現したものである。案内書には「今までにない臨場感を味わえる立体展示です」とある。この美術館の名前にある大塚とは、この美術館のオーナーであり、「ごきぶりホイホイ」の名付け親としても知られる大塚製薬の大塚正士《おおつかまさひと》の名からきているのである。これもただ者ではないアイデアの産物だ。

例えばローマ法王庁のシスティーナ礼拝堂はそのとおりの大きさで再現されていて、そこに陶板に焼き付けられた天井画が嵌《は》められているという具合である。その他、ポンペイの住宅の内部であるとか、ウルビーノのパラッツォ・ドゥカーレのなかのストゥディオーロ（書斎）であるとかが、おなじ大きさで再現されている。これも場所の「うつし」を狙ったものなのだろうか。この美術館のかたわらには、以前からおなじオーナーによって、ヴェルサイユ宮殿の鉄柵のコピーによって囲われた琵琶湖観光ホテルのコピーが建てられていて、大塚グループの記念館になっている。本四架橋のたもとには、どうも不思議な試みが集まるようである。

だが、耕三寺と陶板による複製の美術館との間には、根本的に違う部分がある。耕三寺は「西の」日光であって、日光そのものではない。同時にそれは日光の複製でもなくなっている。もっと自由気ままな混合体が生まれているのだ。

それは、茶室における「うつし」に近いものといえるのではないか。

「うつし」かレプリカか

茶室でしばしば行なわれる「うつし」は、有名な茶室を模作することである。しかし模作だと言い切ってしまっては誤解を招くので困ってしまう。「うつし」は間取り、仕上げなどを忠実に模倣しながらも、どこかに変化がでてしまう模作なのだ。

もともと茶室に使われる曲がった木や、木の節目まで同じものを探すことは不可能に近いから、どうしてもどこかに違いが現われる。それを前提としながら、できるだけもとの茶室の精神に迫ろうという試みが、「うつし」というものらしいのだ。それが近代以前の建築の模倣の仕方であり、継承の仕方であった。「うつし」をつくることによって、そこにゆかりが生まれ、場所に力がついてくる。茶室の「うつし」の系譜はそうした試みの歴史だったようである。「うつし」とは、どうもかたちだけでなく、由緒をうつす行為らしいのだ。

耕三寺の試みはそうした、近代以前の方法による「うつし」の精神をもっていて、だからこそここには場所の力が生まれているのである。それは確かに、何か「ここではない場所」が漂ってしまうような行為だ。われわれはそれを何とよぶのか、にわかには名付けられない。けれども、それはわれわれが近代的な思考に慣れ過ぎているためなのかもしれない。それを理解不可能なキッチュと片付けずに、もっと、そこに漂うものの意味を考える必要があるだろう。

陶板の美術館は、そこにローマ法王庁のシスティーナ礼拝堂がそのとおりの大きさで再現されていても、それを「東のシスティーナ礼拝堂」とは誰もよばない。それは材料の違う複製であり、正確ではあってもそれ自身のアウラをもたないからだ。そこで行なわれる「うつし」は、情報のうつしなのだ。それが近代というものなのだろう。正確ではあっても、レプリカは場所に力を与えない。

耕三寺がわれわれに感じさせる説明不可能な迫力は、模倣がオリジナルに転じてしまう、近代以前の「うつし」の力を保っているからだ。それを品の悪い、悪趣味な贋物とだけ見ていると、何か大事な部分を見逃してしまうだろう。

たとえば、最近奈良の平城京に復元された朱雀《すざく》門を考えてみるとよい。これはもとの場所に奈良時代の建築を再現するというシミュレーションであり、歴史学と建築学の演習問題としては刺激的な課題であるが、それは正確であればあるだけ標本に近づくし、実際には正確な朱雀門のすがたは誰にも解からないのだから、同時代の類例を残された建築物(といっても、ほとんどは仏教の寺院の建築ばかりなのだが)のなかから拾い集めて、それらの技法や造形の集積でつくったものだから(それを科学的な推量にもとづく復元というわけだが)、耕三寺に比べて特に趣味がよいというものではない。「観光か、科学か、いずれともあれ奈良の朱雀門は、平城京中異彩のある偉観である」とでもいわれるくらいが落ちである。

耕三寺開山住職耕三寺耕三は、陽明門のうつしである孝養門の完成後も、茶道の必需品である茶筅《ちやせん》の供養堂を建立したり、法隆寺の救世観音《くぜかんのん》の拡大コピーである救世観音大尊像を造立したりしながら、ゆうゆうと人生を歩んで昭和四五年一〇月二五日に死んだ。

4

故郷との距離――渋沢栄一の王子

日本のリッチモンド

明治時代に日本にはじめてやってきた英国人たちのあいだで、王子《おうじ》は日本のリッチモンドだという評判がたっていた。リッチモンドというのはロンドンの西南に拡がる地域で、行楽地として知られる場所である。英国の王立植物園であるキュー・ガーデンもこの近くにあるし、テームズ河も近くを流れているといった、風光明媚《めいび》な地域なのである。たしかに日本の王子も美しい。王子という地名も美しいし、すぐそばには飛鳥山《あすかやま》があって、ここは江戸以来の桜の名所である。周囲には滝野川《たきのがわ》であるとか、音無川《おとなしがわ》であるとか、十条《じゅうじょう》であるとか、名前を聞くだけでも自然と水に恵まれた地域が拡がっていることが感じられる。

リッチモンドがロンドンの西南であるのに対して王子は東京の北西ではあるが、土地の性格を読み解くときには、事実としての地理上の位置関係はそれほど気にはならないものなのだ。王子には飛鳥山だけでなく王子権現もあり、われわれ日本人のあいだでも、王子は江戸以来の行楽地として親しまれてきた。明治初頭の外国人たちは乗馬を楽しみながら、都心からここまでやってきたのである。彼らがここを都心からの距離、風景の美しさの両面において、リッチモンドとよんだのも不思議ではない。洋の東西を問わず、ひとは場所に思いを込めて、自分たちの知っている場所を新しい場所に当て嵌《は》めるものなのだ。王子がリッチモンドに当て嵌められたのは、一種の「見立て」であったといえよう。

「見立て」は江戸時代のひとびとが好んだ観賞のしかただった。何かを何かに見立てることによって、思わぬ世界が開けてくる。何かに見立てた場所を実際につくってしまうこともあり、これは庭づくりの際にしばしば行なわれている。有名なものとしては、和歌に因《ちな》んだ名所をつくり込んだ駒込《こまごめ》の六義園《りくぎえん》、中国の景色を持ちこんだ小石川《こいしかわ》の後楽園《こうらくえん》などが有名である。六義園は柳沢吉保《やなぎさわよしやす》の庭園、後楽園は水戸《みと》徳川家の庭園である。また、すでに存在している場所を何かに見立てるのは、新しい町であった江戸にとっては、有力な町づくりの方法でもあった。上野《うえの》の山を比叡山《ひえいざん》に見立て、延暦寺《えんりやくじ》に見立てて寛永寺《かんえいじ》を建ててしまったのなどは、その最たるものである。外国人たちが王子をリッチモンドに見立てたのも、そうした見立ての国際版だったといえよう。しかしながら興味深いのは、王子そのものが、もともと見立てから生まれた場所だったことである。

王子神社

王子、十条と熊野

飛鳥山という名は、江戸時代よりも以前から紀州新宮《きしゆうしんぐう》の飛鳥明神が祀《まつ》られていることに由来した地名である。しかしこの飛鳥山が名所として整備されたのは、八代将軍徳川吉宗《よしむね》の時代だった。もともと紀州徳川家の出であった吉宗は、江戸のなかに紀州のゆかりを宿している王子の辺りに極めて強い愛着を抱いていた。そこで彼は飛鳥山を桜の名所として整備するのである。将軍に成るべくして成ったというよりも、分家の当主から三段跳びのようにして将軍の位についた吉宗にとって、出身の地である紀州にゆかりの地名は、深い愛着を起こさせる響きをもっていたのだろう。

王子という名前自体もまた熊野《くまの》の王子権現から来ている。熊野詣《もう》での道筋には数多くの王子が祀られていて、九十九《くじゅうく》王子と称されるほどだった。なぜ熊野と王子が結び付くかといえば、王子というのはもともと文字どおり王子様、つまりは神の子供であり、いろいろな神に王子がいたらしいのである。若宮《わかみや》などというのもそれと似た存在なのだという。で、神々のなかで王子を数多く産み落したのが熊野権現なのだそうだ。そのなかの代表格が若《にゃく》王子《おうじ》だった。それ以外にもいろいろいて、九十九王子にまでなるのである。その王子権現を勧請《かんじょう》したのが江戸の王子権現であるから、ここは熊野に縁《ゆかり》があるのである。飛鳥山と王子とで、この辺りは江戸の熊野という風情を漂わすことになる。

この近くにある十条という場所は埼京線の駅にもなっているが、これもまた熊野に縁がある。十条とは京都の五条とか九条とかいう通りの名ではなく、熊野に十丈峠《じゅうじょうとうげ》というのがあって、それをもじったものなのだという。それをもじったものなのだという。東国であった江戸には、関西や近畿の場所を写した地名や名所が多いのである。たとえば王子に似た地名である八王子《はちおうじ》は八王子権現を勧請したところから、その地名が生じたという。けれどもこの八王子権現は、熊野権現の子ではなく、近江《おうみ》の日吉大社《ひよしたいしゃ》の裏山である八王子山に祀られていた権現だった。八王子の名前は残っているが、近江の八王子権現の方は、いまでは牛尾《うしお》神社となっているという。江戸のなかにみられる多くの地名の写しのなかで、王子は横綱格だといってよいだろう。

なにしろ王子やその周辺の地名は、江戸幕府よりも遥《はる》かに古い起源をもち、さまざまな地名群をその周囲にもつのだから。

桜の名所から軍需産業の中心地へ

王子は江戸時代を通じて、美しい自然の代名詞であり、名所であった。明治初期の外国人たちがここをリッチモンドとよんだのも、まことにもっともなのである。王子はその魅力ゆえに、東西のひとびとから、自分たちの故郷に見立てられたのだった。この当時の飛鳥山は、なだらかな芝生の山に桜の木が点々と植えられたすがただったという。江戸の名所にはこうした驚くほど近代的な風情が漂っていたらしい。ちょうど江戸の町の反対側、品川《しながわ》の海を望んだ丘である御殿山《ごてんやま》もまた、おなじような穏やかな桜の名所であった。

現在では王子には京浜東北線の王子駅があり、最近では地下鉄南北線の王子駅もできた。ここは東京北部の交通の中心のひとつにもなっているのである。駅前のバスターミナルからは多くの路線が出ている。私にとっての王子のイメージは、このバス路線によって形成された。王子と私の住む町とのあいだにバス路線があり、小さなころから私は王子行きのバスのすがたを見て、終点である王子を想像していたのだった。ところがあるとき、家の近くのバスの停留所には「玉子行き」と表示されているのに気づいた。手書きの標識が使われていた時代のことである。こうした誤字はひとの心を楽しくさせてくれたものである。で、ある日この「玉子行き」のバスに乗って王子に出かけてみた。こういうときは、展望を楽しまなければならないから、いつもバスの一番前の座席に座ることにしている。そうして都内の小旅行を楽しんでいると、バスが環状七号線に出てしばらく行ったところで、不思議な看板が目に入った。それは喫茶店の看板で、そこには「衛生放送放映中」と書いてあったのである。衛星放送がまだめずらしかったころの話である。「玉子行き」のバスのなかから見る「衛生放送」の看板は、牧歌的な日本のリッチモンドに向かう旅にふさわしかった。

けれども実際には、王子は幕末から明治にかけての時期に大変貌《へんぼう》を遂げていたのである。王子は日本における化学工業の中心、軍需産業の中心地への変貌を遂げていたのだった。

開陽丸のたどった道

王子の変貌のひとつの要因は、幕末の幕府オランダ留学生にある。安政二年（一八五五）にオランダ国王から幕府に観光丸が寄贈され、それをきっかけにここに新しい西洋の操船技術を学ぶための長崎海軍伝習所が開設される。幕末の王子の基礎は長崎に生まれたといってよいのである。だが、長崎から新しい軍事技術が王子にやってくるまでには、驚くほど大回りの経路をたどる必要がある。それは長崎からオランダを回り、江戸から北海道の江差《えさし》にまで回らなければならないのであるから。

その経緯をゆっくりとたどってみよう。

長崎の幕府の海軍伝習所には多くの俊才が集まったが、なかでも有名になったのが榎本《えのもと》武揚《たけあき》だった。彼はオランダに留学して、本格的に海軍技術を学ぶことになるのである。そこには一つのきっかけがあった。文久二年（一八六二）に幕府はオランダ総領事をつうじて新たに軍艦を一隻注文する。本当はアメリカに発注する予定だったのだが、ちょうどアメリカでは南北戦争がはじまってしまい、注文できなくなったための措置だという。この軍艦の発注とともに一五名の留学生がオランダに送られることになる。船を注文しても、それを操船できなければ仕方ないからだ。榎本はそのなかのひとりだった。

榎本武揚は旗本の次男に生まれたが、名を釜次郎《かまじろう》といった。親がこれからは刀や槍《やり》の時代ではなく、鍋《なべ》や釜の時代になるといって、長男には鍋太郎、次男には釜次郎という名を付けたのだという。幕末の旗本の洒落《しゃれ》心の現われだろうか。たしかに彼は後の明治時代になってからも、政治家として生き残ってゆくたくましさを身に付けていった。

この時のオランダ留学生のなかには、咸臨丸《かんりんまる》に乗ってアメリカに行き、明治時代になってからは海軍中将、男爵にまでなった赤松大三郎《あかまつだいざぶろう》、哲学という言葉をつくりだしたことで知られる西周《にしあまね》、軍医から宮中顧問官になった伊東玄伯《いとうげんぱく》、高等法院判事となりやはり男爵となった津田《つだ》真一郎（真道《まみち》）など、そうそうたるメンバーがいたが、それだけでなく、鋳物師だった中島兼吉《なかじまかねきち》、伊豆《いず》の戸田村《へだむら》の船大工だった上田寅吉《うえだとらきち》、越前《えちぜん》の時計師だった大野弥三郎《おおのやさぶろう》、操船のうまい漁師だった古川庄八《ふるかわしょうはち》と山下岩吉《やましたいわきち》など、実際の技術や軍艦の操作に欠くことのできない人材も含まれていた。彼らは明治時代になってからはそれぞれ有能な技師、技術者となって活躍している。

そうした留学生のひとりに沢太郎左衛門《さわたろうざえもん》がいた。彼は旗本で奥火之番という役についていた沢太八郎の息子である。彼は将校として航海術の習得に励むとともに、火薬製造法を研究した。

幕府が注文した軍艦は、やがて開陽丸と命名された。当時の最新鋭艦である。完成した開陽丸は慶応三年（一八六七）に横浜に回航され、榎本や沢が乗り組んで早速大坂湾の警護に当たった。将軍徳川慶喜《よしのぶ》が、鳥羽《とば》・伏見《ふしみ》の戦いの後で江戸に逃げ帰ったときには、この船に乗ってきた。

やがて幕府の崩壊過程のなかで、開陽丸は榎本武揚の艦隊の主力艦として蝦夷《えぞ》の地に向かう。開陽丸があるかぎり、榎本軍は無敵だとまで思われていた。五稜郭《ごりょうかく》に入城した榎本軍はそれから長い戦いを継続することになる。だが、よく知られているように開陽丸は蝦夷地で江差の沖に出動したところで、暴風雨に遭い座礁、やがて沈没してしまう。開陽丸が現われたときには、江差のひとびとは度肝を抜かれ、瞬く間にこの町は榎本軍の手に落ちるばかりとなった。けれども開陽丸は自滅に近いかたちでそのすがたを消してしまった。そして同時にこの開陽丸の沈没が、五稜郭の榎本軍の未来を閉ざしてしまった。

やがて榎本や沢たちは捕えられ、入獄することになる。だが、最新の技術を身に付けていた榎本や沢たちは、明治の新政府にとっても、喉《のど》から手が出るくらい欲しい人材だった。ある意味では自分たちの価値を知っていたからこそ、彼らは討ち死にせずに、降伏したのだろう。

沢太郎左衛門

沢太郎左衛門と『大菩薩峠』

なかでもオランダで火薬製造技術を学んできた沢太郎左衛門は、ボイラー、鉄製水車などの工作機械を持ち帰っていた。それらは一時、幕府の滝野川の火薬製造所に置かれたものの、幕府の崩壊によって宙に浮いてしまっていた。だが維新が成功してみれば、新政府とて、火薬製造技術は欲しい。明治二年（一八六九）にはいまの文京区内に当たる関口水道町《せきぐちすいどうちょう》に弾薬製造をはじめている。これは翌々年になって小石川のもとの水戸藩邸に移されてやがて東京砲兵工廠《ほうへいこうしょう》火具製造所と銃砲製造所となる。

そして明治六年には石神井《しゃくじい》川ぞいのもとの加賀《かが》藩邸に火薬製造所が移される。そして獄中にあった沢太郎左衛門は呼び出されてここで火薬製造に従事することになる。幕末から明治への橋渡しをした人物のひとりが彼であり、その活躍の舞台が王子から滝野川にかけての地域なのだった。

石神井川ぞいにこうした工場が設けられたのは、水車動力による工場にとって川の水が得られることの有利、そして輸送手段としての水運の便、さらにはここにあった加賀藩邸が二〇万坪以上の広大な敷地をもっていたので、危険を伴いかねない火薬製造に好適だったこと、などによるといわれる。

中里介山《なかざとかいざん》の大作『大菩薩峠《だいぼさつとうげ》』には、駒井《こまい》能登守《のとのかみ》という魅力的な人物が登場して、物語後半の中心的存在になるが、この人物のかなりの部分は沢太郎左衛門に由来しているように思われてならない。駒井能登守は西洋の知識をもった開明的な旗本であったが、失脚して滝野川の火薬製造所に洋風の部屋をつくって身を潜め、西洋式の艦船の建造に思いを凝らすのである。滝野川時代の駒井能登守は髪も西洋風に刈り込み、旗本の面影をすっかり払《ふっ》拭《しょく》している。彼の夢はその船に乗ってひとびととハワイに渡り、そこに理想的な社会をつくろうというものだった。この部分は長大な『大菩薩峠』の前半、「道庵と鰡八《ぼらはち》の巻」に出てくるので、ご興味のある向きは是非お読みいただきたい。滝野川の火薬製造所は、そうした彼の夢が紡がれる夢のアトリエなのである。中里介山が王子という場所に込めたのは、新しい日本が生まれてくる揺籃《ようらん》のイメージだった。そしてそれは、歴史的にも正しかったのである。

大正時代末年になると王子には陸軍造兵廠火工廠が置かれ、十条兵器製造所、王子火薬製造所、板橋火薬製造所などが付近に存在していた。いわばここは日本の一大軍需産業地になっていたのである。紀州の聖地を写した土地、外国人たちがリッチモンドになぞらえた土地は、大きく変貌してしまった。ここには滝野川病院も設けられ、工員たちの厚生面を受け持っていた。こうした工場があれば、付近にはそれに連なる工業地域が生まれる。

そのなかで、製紙工場は火薬製造とは別に、独自の発展を遂げたものだった。これもまた、石神井川の流れを利用して紙を作ろうとしたところに生まれた産業だった。王子製紙という会社の名前に端的に示されるように、ここは洋紙の製造の発祥の地でもあるのだ。内閣印刷局抄紙部が設けられていたのもここであるし、現在も大蔵省印刷局［のち、国立印刷局］がここには存在している。そしてまた王子には紙の博物館もあって、この土地の歴史を物語っている。これ以外にも多くの産業があるが、隣の板橋《いたばし》にかけては光学機械の製造が盛んで、ここは世界最大の双眼鏡の生産地なのである。

「開陽丸の町」江差

だが、第二次世界大戦が終わって、多くの軍事施設は消えていった。いまもなお、自衛隊の施設が残っているが、これはかつての規模に比べればほんの僅《わず》かなものである。多くの軍事施設は公営住宅の用地になった。いま、王子から赤羽《あかばね》、さらには板橋にかけてのこの一帯には、多くの住宅団地が連なっている。それらの多くはいわば「兵《つわもの》どもが夢の跡」なのだ。かつてベトナム戦争がたけなわだったころ、王子野戦病院の設置に反対して、その周囲で盛んにデモが繰り返されたが、そのとき戦後になってはじめて、この土地の軍事都市としてのすがたが再び浮かび上がった感があった。けれどもそうした出来事もいまでは過去の記憶のなかに消え去ろうとしている。維新からの土地の歴史は、静かに消え去ろうとしているかのようである。住宅地とスポーツ施設が充実した地域に、このあたりは生まれ変わっていったのだ。沢太郎左衛門の名前も、『大菩薩峠』の駒井能登守が籠《こも》った滝野川の火薬製造所も歴史のなかに消えてゆきつつある。王子はふたたび紀州に由来する文化の土地に還《かえ》ってゆくのであろう。

沢太郎左衛門の一方の夢の跡である北海道の江差の町は、現在どのようなすがたになっているのであろうか。江差は鰊《にしん》漁や北前船《きたまえぶね》の根拠地として栄えた町であり、今もなお当時の繁栄を偲《しの》ばせる町家や、大きな寺院が町のそこここに残されている。町家は海に向かって切り妻屋根の妻の部分を見せて建ち、特異な景観を構成していたものだという。町の前の海にはかもめ島という風光明媚《めいび》な島があり、観光の拠点ともなっている。

そしてまた江差は江差追分で名高く、この町には江差追分専門の会館も作られていて、毎年大会が開かれている。そこでは出場者全員が江差追分をつぎつぎに披露するという、世にも稀《まれ》な光景が展開する。私が訪れたときにも地区の予選会が開かれていて、何人もの名人がおなじ唄《うた》をつぎつぎに唄っていた。何人目かを聞くうちに、唄の勘所が解かってきて、おなじ唄であるからこそかえって面白く聞けるようになる。

開陽丸青少年センター

この会館を出て海を眺めると、ここには開陽丸がその雄姿を甦《よみがえ》らせているのに出会う。江差の海に「開陽丸青少年センター」として再建されているのである。実際にはこれは船ではなく、鉄筋コンクリート造り二階建ての構造物で、海のなかに建っている建築物なのだが、そのすがたはあくまでも三本マストに補助エンジンを搭載したかつての幕府の新鋭艦である。なかには当時の榎本軍のひとびとのすがたも再現されている。江差はいまや追分と開陽丸の町だといってもよい。追分と幕末が同居する、不思議な魅力に溢《あふ》れた町が、江差なのだ。ここには王子が切り離してしまった時代が、ふたたび甦っている。

渋沢栄一と王子

王子は維新から明治への記憶を遠退《とおの》かせてゆき、江差はそれを復活させている。この違いには、場所の歴史が何を語りかけるのかを考えさせるものが含まれている。

だが王子には場所に繋《つな》がるもうひとつの糸がある。それは渋沢栄一《しぶさわえいいち》の邸宅である。明治政府に出仕した渋沢は、はじめ神田《かんだ》裏神保町《うらじんぼうちょう》、ついで日本橋兜町《にほんばしかぶとちょう》に仮住まいした後、明治九年に深川《ふかがわ》区福住《ふくずみ》町四に住居を新築して住んでいた。しかしそれから程なく、明治一二年に王子飛鳥山に広大な別邸を新築した。これは文字どおり飛鳥山の頂の東側である。これは純和風の建築だった。設計したのは当時の数寄屋普請の第一人者であった柏木貨一郎《かしわぎかいちろう》である。この人物は日比谷《ひびや》に三井の和風の集会所を設計するなど、多くの和風建築を手掛けていた。飛鳥山にふさわしい、日本的な邸宅が出現していたのである。

飛鳥山の渋沢邸（渋沢史料館蔵）

渋沢栄一（渋沢史料館蔵）

渋沢栄一は明治二一年にはふたたび兜町に洋館の本邸を建てて移っており、飛鳥山はあくまでも別邸であった。新しい本邸となった洋館は、工部大学校の第一回卒業生であり、その後母校の教授となる辰野金吾《たつのきんご》の設計である。辰野は兜町の水辺に建つ洋館を、ヴェネチアン・ゴシックという様式で設計した。水の都ヴェニスに因《ちな》んだのである。渋沢の本邸が兜町にあるのは、彼の仕事の本拠地に近いという点で自然だった。

それでは飛鳥山の和風の別邸はどうしてここに設けられたのだろうか。明治六年に王子製紙株式会社がつくられるにあたって、渋沢栄一がその企画の中心にあったことと、彼の別邸が王子に設けられたこととのあいだには、深い結び付きがあろう。彼は本邸も別邸も、自分の事業に関係ある場所を選んで建てているのである。

だが、飛鳥山の別邸は、もうひとつの場所的な意味をもっていた。それは彼の出身地との関係である。渋沢栄一はいまの埼玉県深谷《ふかや》市の出身である。飛鳥山は日本橋兜町から深谷への道すがらに当たる位置なのだ。彼が別邸を建ててから五年後に東北本線の王子駅が開業する。そして鉄道は王子から深谷までを直結するのである。晩年にいたるまで、渋沢は王子駅で汽車に乗り込み、故郷との往復をした。このような邸宅の構え方は、それほど珍しいことではない。江戸時代の大名屋敷は、かなりの程度、国元に近い方角に構えられていたという。たとえば薩摩《さつま》屋敷は江戸の南西にあり、加賀屋敷は本郷《ほんごう》の上屋敷から前の中山道《なかせんどう》を通ってそのまま国元まで行けた。王子から僅《わず》かに都心に近い場所である西ケ原《にしがはら》には、古河《ふるかわ》財閥の古河虎之助《とらのすけ》が見事な洋館を建てた。彼は渋沢栄一に対する尊敬の念から、渋沢邸に近い場所に邸宅を構えたのだといわれるが、古河家の事業の中心は足尾《あしお》の銅山であり、これもまた東京からは王子を経て足尾に向かう軸線が存在していたからこその、邸宅の構え方だと見ることができる。

王子は渋沢栄一にとって、東京のなかでもっとも故郷に近い場所だったのである。それが日本の産業の父というべき人物だったことに、王子の性格が現われている。渋沢が、産業立地を考える際に故郷との位置関係を考えたとは思わないが、渋沢が水の便を考えたときに多摩川《たまがわ》ではなく荒川《あらかわ》をイメージした裏には、故郷に向かう軸線が思い描かれたのではないかとの想像は成り立つ。そのとき王子は、吉宗の思い描いた紀州や、明治初年の外国人たちが思い描いたリッチモンドから、工業の中心地への転回をはじめたのかもしれない。風光明媚な名所は、近代国家の枢要の地へと変貌した。

渋沢栄一がそうした変転を生み出す原動力のひとりであったことは間違いないが、彼はその場所に邸宅を構え、晩年をそこに過ごした。これは自らが変貌させた土地に対する見事な責任のとり方だといえよう。責任というよりも、それは愛着といってよいものであろう。王子には故郷への郷愁が宿っている。

5 場所をうつす——渋沢栄一の深谷

レンガの町・深谷

王子の飛鳥山に邸宅を構えていた渋沢栄一は、晩年になっても、江戸に出る前に暮らした故郷を忘れることはなかった。彼が生まれたのは武蔵《むさし》の国の血洗島村《ちあらいじま》というところで、これは現在は埼玉県深谷市の一部になっている。

いまでこそ東北本線や高崎線の列車は上野から尾久《おく》経由で赤羽に抜けてゆき、JR王子駅は京浜東北線の電車しか止らない駅になってしまっているけれど、かつては王子から深谷へは、鉄道一本でつながっていたことは前に見たとおりである。彼は王子から汽車に乗ってふるさとの深谷の駅に向かうのを常としていた。

現在、深谷駅前には渋沢栄一の銅像が据えられており、ここが彼のふるさとであることを地元もまた誇らしげに顕彰している。一方、王子には渋沢栄一を記念する史料館があり、王子と深谷は今でもつながっているのである。

深谷はまた、レンガ製造の産業をもった町として知られており、深谷の駅も東京駅を模したといわれるレンガ張りの駅舎がつくられている。ここは日本の本格的レンガ製造のふるさとなのである。

明治の日本がまず必要とした建築材料は赤レンガだった。木材は国産で賄えるが、レンガは新たにつくらなければ洋風建築はできない。そこではじめは、洋風建築を必要とする場所でレンガを製造した。レンガは、難しいことをいわなければ、どこの土でもつくれるのだから、建築現場の近くで製造するにかぎるのである。すでに幕末から長崎《ながさき》、横浜《よこはま》、横須賀《よこすか》ではレンガを製造していたし、明治になってからは富岡《とみおか》製糸場のためのレンガが近在の瓦屋によって焼かれていた。

銀座煉瓦街を建設するときには荒川沿いの小菅《こすげ》でレンガが焼かれ、後にここは集治監《しゅうじかん》によって買い上げられ、集治監すなわち刑務所の囚人労働によるレンガ製造を行なった。このレンガには桜のマークが刻印されているので、ときおり古いレンガの中にそうしたものを見ることがある。

けれども、戦前の古いレンガを調べていて、関東で一番多く出会うのは「上敷免《じょうしきめん》」という文字が楕円《だえん》形の線で囲まれたマークをもつものである。はじめ、この上敷免という言葉

日本煉瓦製造会社

は「上等な屋敷をつくるのにふさわしい免許」を取ったレンガというような意味をもっているのかと考えたものだが、そうではなくて、レンガの製造地を示しているのだと知った。上敷免は武蔵の国上敷免村のことなのである。ここには明治二〇年（一八八七）に日本煉瓦製造会社がつくられて、それ以後レンガの製造を行なったのである。そして上敷免はいまの深谷市内に当たる場所だ。

官庁集中計画

明治初年にいまの深谷市に当たる場所に洋館レンガの工場がつくられたと聞いて、勘のよい人はすでに気づいているだろうが、この工場の設立には、渋沢栄一が深く関わっていた。彼や三井の大幹部であった益田孝《ますだたかし》らが設立したのが、日本煉瓦製造会社であり、その工場が設けられたのが上敷免だったのである。関東平野の真ん中にある深谷市は、関東ローム層の上に農産物の生育に適した土を堆積させていた。深谷といえばいまでも葱《ねぎ》が名産である。近くの群馬県下仁田《しもにた》も葱とコンニャクが名産だ。茎が太く、何本にも枝分かれしている深谷葱は、関東の土に育ったたくましい葱だ。

こういう、文字どおりの「土地柄」が、レンガ製造のための土の供給に適していたのである。けれどもだからといって、ここにレンガ製造の拠点が築かれるためには、渋沢栄一の「指導」が不可欠だったろう。渋沢は、郷里の近くに産業の拠点のひとつをもってきてやろうと考えたに違いない。けれども最初から彼の名が表に出るとかえって反発を招きかねない。そこでまず三井物産の名によって土地の買収交渉を進め、計画がある程度かたちを取りはじめたところで渋沢の名前で買収の工作に入ったという。こうして生まれた日本煉瓦製造会社では官庁集中計画という明治の大プロジェクト遂行のためのレンガが焼かれた。日本煉瓦製造会社は、先に述べた小菅の集治監のレンガ製造の実質的指導を受け持ったりして、レンガ製造の中心となっていった。

官庁集中計画のなかで実現した部分は僅《わず》かにもとの東京裁判所や司法省などであるが、ここには「上敷免」のレンガが使われた。裁判所は壊されたが、もとの司法省は現在国の指定する重要文化財になっている。それ以外にも、この日本煉瓦製造会社の「上敷免」マークのレンガは東京駅、三菱一号館、東京大学工科大学、東京商工会議所、赤レンガ時代の警視庁など、多くの建物に使われた。けれども残念ながら東京駅以外はほとんどが壊されてしまった。それでも、深谷は赤レンガのふるさととしての誇りをいまも持ちつづけている。

王子と深谷の因縁

渋沢が築き上げた工業生産の一翼は彼の郷里に、しっかりと根付いたのである。渋沢栄一が晩年にいたるまで、飛鳥山の自邸から王子駅に出て、深谷まで通いつづけたことの意味が解かるであろう。

さて、深谷の町には、終戦直前にもうひとつ王子との結び付きが生まれかかった。それは渋沢とは直接関係のないものではあったが、王子とは深く結び付いたものだった。徐々に不利になる戦況のなかで、陸軍は王子・赤羽の造兵廠《ぞうへいしょう》、火薬廠を疎開させようと計画する。そしてその疎開先に選ばれたのが深谷だったのである。昭和一八年（一九四三）頃から陸軍では土地の物色をはじめていたらしい。ここにはレンガ製造の工場のための引込線が四キロも延びており、土地も平坦で水も得られる。軍需工場にはよい場所と映ったらしい。やがて地元に陸軍の責任者が赴いて、予定地の農民たちに土地に関する実印を持ってこさせ、その場で土地譲渡に関する白紙委任状をつくってしまった。そのうえで、これで国家への貢献ができたのだからバンザイを唱えようということになり、皆々、腹のなかでは泣きの涙であったけれど、バンザイを唱えて帰ったという。

軍の工場建設はかなりの程度まで進められたらしいが、結局稼働する前に敗戦になってしまい、疎開は成立しなかった。レンガの製造工場は、もともと赤羽の陸軍の工廠にもレンガを納めており、レンガ自体が一種の軍用製品であるということで、接収や強制移転は免れたという。

このエピソードは、王子の発展と深谷の発展の複雑で長い因縁を象徴している。王子に工業が形成されてゆく歴史には、幕末からの技術の集積があったのだが、そこに新しい息吹を吹き込んだのが渋沢栄一だった。彼は自らも王子に住むほどに、この土地に惚《ほ》れ込んだ。そして同時に自分のふるさとにも工業の波を及ぼしてやろうと考えた。

その成果が上敷免のレンガ工場となって結実したのだったが、王子に発展したもうひとつの工業である陸軍の工廠もまた、渋沢がたどった郷里への道を嗅《か》ぎ付けて、おなじ道をたどって深谷にやってきたのである。やはり王子と深谷は、一筋の道でつながれていたのである。

場所は決して無色透明に開発されたり、変化したりするものではないことが、このエピソードから窺《うかが》われるであろう。土地は何かの歴史を背負っている。その歴史はある場合には表面に解かりやすいかたちで姿を現わすが、ある場合には思いもかけない経路をたどって飛び火する。もしも陸軍の工廠に付随する生産施設が建設を完了し、長期的に稼働していたなら、工廠に連なる民間の工業施設もこの付近に移動しはじめ、いまの北区《きた》から板橋区にかけての工業地帯が、そっくり深谷近傍に移動していた可能性がある。場所の大規模な移動が起きていたかもしれないのである。幸か不幸か、敗戦が土地の性格の移動に終焉《しゅうえん》を告げた。その結果、深谷は葱を作りつづける土地を残すことになった。

中古レンガが出回った理由

一方、レンガの製造も一時ほどの勢いをもたなくなっていた。そのきっかけは、大正一二年（一九二三）の関東大震災だった。地震の被害によって、これからはレンガの時代ではなく、鉄筋コンクリートの時代だと感じられるようになったからである。建築の耐震性が叫ばれ、レンガは主要な建築構造材料の地位を追われた。

しかしここでも、面白いエピソードがある。震災後、レンガの生産は大打撃を受けたが、その理由のひとつは、中古レンガの大量出回りだったというのである。関東大震災は多くのレンガ造り建築物に被害を与え、多くの建物が壊れたり、使い物にならなくなったりして取り壊された。そのとき、取り壊された建物からレンガが取り外されて、再び中古品として市場に出回ったというのである。

上敷免の日本煉瓦製造会社の「創立七十年を回顧して」というパンフレットは、つぎのように伝えている。震災後のレンガ界の不景気はどうであったかという質問に対して、古レンガの出回りが市場価格を低下させたという答えがなされ、古レンガの量は何十万個もあったのかという質問に対しては、小芦常四郎という長老がこう答えている。

「そんなものではないのです。何百万でしょう。市場における需要の半分近くは古レンガで賄われた時代があったんじゃないか。王子の造兵廠、火薬廠からだけでも二五〇万個ほど出ました」

どうも王子の工廠は深谷のレンガ工場にとってはもともと疫病神だったらしい。

関東大震災のときに中古のレンガが大量に出回った理由は、そのころの一般のレンガ造り建築は施工が悪く、ろくにモルタル目地を埋めてなかったかららしい。本来レンガの壁を積むときには、レンガを前もって十分水に浸し、モルタルの付きを良くしてから施工することになっていたのだが、いい加減な現場ではほとんど申し訳程度のモルタルでレンガを積んでいたらしいのである。しっかりした現場では十分な監督下に、丁寧な工事が行なわれていて、そうした建築は比較的良く残っている。

いい加減な工事の建築が、文字どおり瓦解《がかい》してしまったのである。そうした建築の場合には、もともとレンガ同士がよくくっ付いていないから、簡単にばらせる。それが大量の中古レンガとなって出回ったのである。無論、当時は人件費が安かったから、人手を使ってレンガを剝《は》がしても、もとが取れたという事情もある。

第一銀行からのプレゼント

ところで渋沢栄一は王子と深谷のあいだを行ったり来たりしていただけでは、無論なかった。彼は生涯のあいだに営利事業約五〇〇に関係し、社会事業など約六〇〇に関係したという。たとえば東京に養育院という施設があり、現在は都の機関になっているが、これに彼は深く関わっていた。いまでも板橋区内にある東京都養育院近くには、渋沢栄一の大きな銅像が立っている。

しかし何といっても彼の事業の中心は第一銀行だった。現在の第一勧業銀行［のち、みずほ銀行］の母胎のひとつである。第一銀行では、渋沢が喜寿を迎えたときに、それまでの彼の貢献に感謝して、プレゼントをした。彼のために建物をひとつ贈ったのである。建物は多摩川にほど近い瀬田《せた》に建てられた。ここに第一銀行のリクリエーションのための、清和園というグラウンドがあったからであり、建物はその一角にちょうどしゃれたあずま屋のように据えられた。あずま屋といっても、建物は洋風のレンガ造りの平屋である。スレート葺《ぶ》きの屋根が掛かり、全体は英国風のコテイジといった風情である。

建物の設計は、渋沢と関係が深かった清水組（いまの清水建設）の技師長、田辺淳吉《たなべじゅんきち》が行なった。英国風のコテイジといったが、ステンドグラスには中国風の人物が配されていたり、暖炉煙突の外壁には、レンガを複雑に積んで喜寿の祝いの文字を韓国風にあしらったりしているし、どことなく日本のあずま屋の趣《おもむき》もある。つまり品の良い、遊びの気分に満ちた和洋漢折衷の建築なのである。建物が建てられたのは大正五年だった。

この建物で面白いのは、屋根の中央に設けられた大きな屋根窓である。屋根裏部屋に明かりを取り入れるために、しばしば屋根窓が設けられることがあり、こうした屋根窓はデザイン上のアクセントにもなる。

しかしこの屋根窓は、贋物《にせもの》なのである。至極りっぱな屋根窓があるものの、建物には屋根裏部屋はないのだ。つまりこの屋根窓は建物の外観のアクセントを生み出すために、恰《かっ》好《こう》だけで作られているのである。近代の機能主義建築の考え方に立てば、このようなデザインはまったくのまがい物であり、インチキだということになるけれど、この屋根窓の存在によって、建物がひときわ魅力的なものになっていることは否定できない。

誠之堂（世田谷区瀬田）

清風亭（世田谷区瀬田）

機能主義建築が主流となる以前の、いかにも大正ロマンティシズムの夢を感じさせるデザインなのだ。もともと喜寿の記念に贈られる建物であり、実用一点張りの建築ではないのだから、第一銀行からのプレゼントにふさわしい、しゃれた遊び心に満ちたデザインを試みたのであろう。この時代には、資本主義の世界にもまだまだ夢とロマンがあった。

レンガ造りの壁には、当然のことながら、上敷免で焼かれたレンガが用いられた。色むらを意図的に活《い》かした、変化に富んだ壁面が生まれている。この魅力的な建物には、誠之《せいし》堂《どう》という名前が与えられた。

やがてこの場所には、もうひとつ記念建築が建てられる。それはおなじ第一銀行の頭取を務めた佐々木《ささき》勇之助《ゆうのすけ》の古稀《こき》を祝って建てられたものである。こちらは清水組を経て第一銀行の建築掛に就任していた建築家西村好時《にしむらよしとき》が腕をふるった。スタイルは誠之堂とは対照的に、スペイン風である。大正十五年に建てられたこの建物は、関東大震災後ということもあって、鉄筋コンクリート造りである。とはいえやはり平屋で、青緑色のスペイン瓦のゆるい傾斜の屋根をもち、正面にはアーチを連ねたベランダが付く。左右にはゆるやかな円弧を描く出窓があり、美しいステンドグラスが嵌《は》められる。誠之堂を十分に意識したうえで、それと対比の妙を生むように心掛けたデザインである。この建物は清風亭《せいふうてい》と名づけられた。

誠之堂と清風亭は、二棟とも記念の贈り物という性格の建築であり、しかもちょうど和歌の贈答のように、相手を意識した返歌を添えるような対比を見せている。これらの建物は、この場所でリクリエーションの催しがあるときには、役員の休憩施設などとして用いられた。企業の精神を伝える恰好のシンボルとなったのである。そしてこれらは大正と昭和の建築の好例として、歴史的な価値の高い建築として知られるようになった。

ところが、時代の変化は企業の世界を激しく襲った。バブル経済の崩壊以来、銀行の経営には余裕がなくなり、これらの建物を維持することが不可能になってしまった。さまざまな理由があるのであろうが、所有者である第一勧業銀行はこれらの建物の取り壊しを行なって、土地を更地にして売却する計画を発表したのである。

現代では、由緒ある建物であっても、経済価値を生まない建築はお荷物扱いされる。無形の企業精神の発露を抱えつづける精神的余裕のある企業も少なくなってしまった。それで、いよいよこれらの建物も取り壊されることになったのである。

誠之堂と清風亭を深谷へ

そこに深谷市が登場した。渋沢栄一のふるさとであり、赤レンガの本場でもある深谷市が、これらの建物を引き取って、市内に移築しようというのである。建物はそれが建てられた場所に深く結び付いたものであるし、場所の精神を体現した存在なのであるから、移築してしまうことは望ましいことではない。けれども、深谷市と渋沢栄一との結び付き、そして赤レンガの建物と深谷市の関係を考えるとき、この移築の申し出は実に意味深いものに思われた。これらの建物はあたらしいふるさとを得ることができるかもしれないという希望が、関係者たちのあいだに芽生えた。

だが、これらの建物をどうやって移築するのだ。木造の建築は、木組みをほぐして解体移築することができる。奈良時代には薬師寺が藤原京にあった本薬師寺《もとやくしじ》から移築されたというし、多くの建物が解体移築されている。茶室なども、江戸時代から多く移築されてきた。そうした場合には、移築することによって建物にまつわる由緒も伝えられると考えられたようである。

しばしば、「これは太閤《たいこう》の聚楽第《じゅらくだい》の遺構でして」などという説明を聞くことがあるのは、それによって由緒ある建物だと言いたいからである。誠之堂と清風亭を移築できれば、渋沢と第一銀行の物語をふるさとに持ち帰ることができるかもしれないが、これらの建物はレンガ造りと鉄筋コンクリート造りである。木造のように解体移築というわけにはゆかない。

これまでレンガ造りの建築が移築される場合には、いろいろなやり方があった。ひとつ

誠之堂の「大ばらし」風景（瀬田）

はレンガをひとつひとつばらばらにほぐして、移築先で積み直すという方式である。明治《めいじ》村《むら》（愛知県犬山《いぬやま》市）に移築されている菅島《すがしま》灯台付属官舎の建物の場合は、レンガをばらして運び、積み直している。けれども強度の問題から、壁の一部をコンクリートで作り直し、その表面にレンガを積み直すという方式がとられた。強度と、もとの材料の保存を両立させる手法である。

　レンガ造りの建物の移築は、こういう手法をとることが多い。けれども明治時代のレンガ造りなら、目地は漆喰《しっくい》などでできているので、レンガを剝がしやすいけれど、大正時代になってモルタル目地が使われ、しかもしっかり施工されていると、レンガを剝がしにくい。関東大震災以前のように、

移築風景（深谷市）

レンガを剥がして中古品として再利用するというわけにはゆかなくなるのだ。

誠之堂の場合は、考えたすえに、壁を大きく切断して、それをそのまま運んで、移築先で繋《つな》ぎ合わせるという方法がとられた。これは茶室の移築などのときに、壁をそのまま残すために使われる手法で、「大ばらし」といわれる。これをレンガ造りの建物の移築に応用しようというのである。誠之堂が、和洋漢折衷のあずま屋的な建築だったこともあって、この手法はうまく適用できそうだった。

しかし壁をどの部分でカットして、どう組み立て直せば一番良いのかを判断するのはむずかしい。大きく壁をカットすれば、移築後の建物のすがたが良くなるのは当然だが、魔法の絨毯《じゅうたん》でもないかぎり、大きすぎる壁を移動させる輸送手段はない。なにしろ世《せ》田谷《たがや》の瀬田から、埼玉の深谷まで移動させなければならないのだから。輸送可能で、しかもレンガの主要な部分をうまく避けた切り目を考えなければならない。

屋根の小屋組や建具、内装材などをていねいに取り外し、ダイアモンド・カッターで、レンガの壁体を切断して、この建物の移築工事がはじまった。移築先には深谷市のなかで、いくつかの候補地があがった。ひとつは渋沢栄一の生家に近い地区、もうひとつは日本煉瓦製造会社に近い敷地である。しかし結局市内に新しい核をつくる意味も込めて、両候補地のあいだの、スポーツ施設と公民館のある場所に移築が決まった。

「場所」をうつす試み

誠之堂の移築のめどが立ってくると、つぎは清風亭である。こちらは鉄筋コンクリート建築だ。いくら小さいとはいえ、コンクリートの一体構造だから、レンガ造りの建築以上に移築はむずかしい。ふつう、コンクリートの建築を移築するというのは、おなじかたちの建物をコンクリートでつくり直して、そこに建具や内装を取り付け直すという方法をとることが多い。しかしそうした方法は、本当の移築とはいえないのではないか。それは模造品（レプリカ）をつくることに近いのではないかという気持が関係者のあいだでは強かった。どうせ移築するなら、こちらの建築もできるだけ本物の建物を移したい。

そこで、清風亭についても「大ばらし」の手法がとられることになった。つまり、この建物のベランダ部分のコンクリートのアーチをそっくり切り取って移し、組み直そうというのである。同じように、ステンドグラスが見事な左右の出窓も、全体をそっくり切り取って、移築先でふたたび使おうという方針になった。このようなコンクリート建築の「大ばらし」は、はじめてなのではないかと思う。

レンガ造りの誠之堂と、コンクリート造りの清風亭が並んで移築されるとなれば、ふたつの建物の関係をもとの位置関係とおなじにして、周囲の庭園のつくりかたも昔のすがたにしてゆこうということになる。これは建築の移築というより、「場所」を移す作業ではないかと感じられるようになった。

これまで、建築物の移動はあったけれど、このように近代の建築群をそのまま移動してゆく仕事はなかった。東京の瀬田から深谷市へと、渋沢栄一のゆかりの場所が移されたのだと考えたい。工事の技術的な面は渋沢栄一とこれまたゆかりの深い清水建設が行なった。建築の工事には、過去の繫がりが物をいうところが大きいのである。

こうして渋沢ゆかりの場所は、ふるさとへと移っていった。

ここにもうひとつのゆかりの建物が浮上する。それは王子の渋沢邸に建てられていた、誠之堂の兄弟ともいうべき建物である。渋沢栄一の喜寿を祝ったのは第一銀行だけではなかった。長年、渋沢系の仕事を手掛けてきた清水組の四代目の当主清水満之助もまた、渋沢に贈り物として瀟洒《しょうしゃ》な建物を贈っていたのである。王子の飛鳥山邸内に建てられた建物は、和洋折衷の木造の平屋。木造とはいってもすべて栗材を用いるという凝った造りである。設計は無論清水組の技師長、田辺淳吉だった。

この建物は晩香廬と名付けられた。「ばんこうろ」と読むが、バンガローとも読めそうな命名である。瀟洒で小振りな建物の名にふさわしい。

晩香廬は、誠之堂と清風亭の移築と時を同じくするかのように、修理が加えられ、美しく保たれている。王子と深谷を結ぶ絆《きずな》は、木造とレンガ造り、そしてコンクリート造りという、バラエティに富んだゆかりの建物が呼び寄せられることによって、さらに強まったようである。

第二部

日本の〈地霊〉を見に行く

第三章

日本の〈幽霊〉を見に行く

1　三菱・岩崎家の土地——岩崎彌太郎の湯島切通し

湯島天神の銅鳥居の脇

湯島《ゆしま》の切通《きりどお》しという地名は、泉鏡花《いずみきょうか》の『婦系図《おんなけいず》』の舞台としてあまりに有名な湯島天神《ゆしまてんじん》のすぐ脇にあたり、本郷の台地が上野に向かってくだってゆく地勢のイメージが湧いてくる、いかにも起伏に富んだ江戸・東京らしい地名である。湯島をいま、本郷の台地の一部であるかのように述べたが、本郷という地名はもともとは湯島本郷すなわち湯島の中心集落というところからきたものらしい。

その湯島の切通しに建つのが、岩崎《いわさき》家の本邸であったというのは、なにかそぐわないような気がする。岩崎家といえば、明治維新の覇者、政商、財閥中の財閥たる三菱《みつびし》の総帥というイメージが先行して、そうした覇者には、もっと山の手の地域の邸宅がふさわしいような気がするからである。湯島には、池波正太郎《いけなみしょうたろう》の小説に出てくるような、天神下に身を

湯島のレンガ塀

潜める浪人者などが住んでいてもらいたいのである。

しかし、岩崎邸の建つ場所は湯島というよりも、実際には茅町《かやちょう》なのであり、文京区の湯島ではなく、台東《たいとう》区の茅町が所在地なのだ。昔の名でいえば本郷区湯島ではなく、下谷《したや》区茅町《かやちょう》だったということである。それにもかかわらず、なんとなく湯島のイメージが表に現われがちになるという誤解が生じるのは、もとの岩崎邸に入る入口がいまは湯島側にあることによる。けれど昔から、岩崎家の存在をいちばん感じさせるのが、湯島の切通しの道を通るときに見える見事な石垣だったからでもあろう。

切通しに面して、長大な石垣と塗り塀が巡らされているのを見た人々は、そのすがたのうちに財閥の力をもっともつよく感じたに違いないからだ。

岩崎家は明治一一年（一八七八）八月にこの湯島の土地を入手し、後に周囲を買い足しながら一万四四〇〇坪の敷地をもつ本邸としたという。このときの当主は岩崎彌太郎《やたろう》。三菱財閥のもとを築いた人物として、あまりにも有名である。

彌太郎はそれまでは湯島梅園町《ゆしまうめぞのちょう》に住んでいた。湯島梅園町の住所の地番は二ノ一と二ノ二で、ここと地続きで湯島天神町《ゆしまてんじんちょう》二丁目の一九、二〇、二一番地も彼の所有であった。面積はあわせて四七八坪二合四勺。この広さは決して小さいといえるものではない。場所は湯島天神の銅鳥居のまさに右隣である。彼の地所は天神の男坂にそって天神下まで続いていた。ここはもと料亭の「伊勢源」というのが建っていたところだという。

岩崎彌太郎（三菱史料館蔵）

彼は明治七年四月、三菱商会を大阪から東京に移したときに、まずここに居を構えたのだった。じつに粋《いき》な場所を選んだものである。

今もこの場所を注意深く見て回ると、立派なレンガ塀が一部残っているのに気づくだろう。湯島の天神様の銅の鳥居からすぐ右のところ

湯島岩崎邸

だから、注意深く歩けばすぐに解かるはずだ。かなりレンガは風化しているが、丁寧な仕事であり、塀の高さも高い。これこそまさに明治初期の岩崎家の屋敷地の名残なのである。

もっとも、いま見るレンガ塀が彌太郎の手によって築かれたものであるかどうかは、厳密にいえば不明だ。岩崎家が本邸を下谷茅町に移してからも、この土地は岩崎家の所有がつづいていたが、明治末年には伊藤熊太郎という人物がここを借地して住んでいたからである。この伊藤熊太郎が自分で塀を建てたかもしれないからである。しかしレンガ塀の見事さにはただ者ではないところがあり、どうしても岩崎家がつくったものに思えてしまう。

彌太郎は明治一〇年から一五年までは、神田駿河台東紅梅町《するがだいひがしこうばいちょう》にあった弟の彌之助《やのすけ》の屋敷地に別屋敷を構えて住んでいたが、一五年に茅町邸に移るのである。駿河台東紅梅町の屋敷地は、御《お》茶《ちゃ》ノ水《みず》駅の南側、いまの日立本社ビルのある辺り「のち、御茶ノ水ソラシティ」であった。彌太郎は湯島からここまで住まいを南下させたものの、ふたたび北上して湯島切通しの方に戻っていったのである。

面白いのは、彌太郎家のその後の土地の取得のしかたで、彼らはこのあとも、駒込の六義園や染井《そめい》といった方角に北上をつづけるのである。一方弟の彌之助家の方は、駿河台東紅梅町を起点として、南下をはじめる。品川御殿山、そして麻布《あざぶ》の鳥居坂《とりいざか》など、彌之助とその息子の小彌太《こやた》は彼らの本邸をさらに南の方へと移してゆくのである。

因《ちな》みに彌之助家の墓所は東京南西部の世田谷区岡本《おかもと》にあるのに対して、彌太郎家の方の墓所は東京の北東部、豊島《としま》区の染井にあるのだ。岩崎家の所有する土地の分布は、数多くの別邸が方々に構えられていて、東京の一地域に固まったものではないが、岩崎家の兄弟はなんとなくそれぞれ北東と南西に向かって、別れていったように思われてならないのである。

維新で荒れた江戸市中

明治一一年八月に、岩崎彌太郎は下谷茅町の邸地を手に入れたと述べたが、手続きには中間に大戸三二郎という人がなかに入って売買をしたようである。このときは、「第四大区六小区下谷茅町二丁目九番地地所八千五百四十余坪」の土地が入手された。売り主は牧《まき》野弼成《のすけしげ》。この牧野という人物は丹後《たんご》の田辺《たなべ》(舞鶴《まいづる》)藩主であった人で、後に子爵となっている。牧野家がいつからこの邸地を所有していたのかははっきりしないのだが、それほど長い期間でなかったことだけは確かである。というのも、江戸時代を通じて、ここには榊《さかき》原《ばら》家の屋敷が構えられていたからである。榊原家は、はじめ上州《じょうしゅう》の館林《たてばやし》の城主であり、後にいくつかの場所に転封され、幕末には越後《えちご》の高田《たかだ》の藩主となっていた。

榊原家は維新のときに官軍側に付き、戊《ぼ》辰《しん》戦争の功績によって、賞典禄一万石をもらっている。けれどもその家臣団のなかからは、彰義隊《しょうぎたい》に参ずる者がでた。彼らは榊原の榊の字をわけて、神木隊《しんぼくたい》を結成した。山崎有信《やまざきありのぶ》『彰義隊戦史』によれば、神木隊（高田藩）八四人（もっとも別のところには八十余人とあるので、無論人数はあてにならない）取締・近田六郎太夫とある。これはお家大事に、官軍と幕府方にある程度両天秤をかけた戦略だったのではないだろうか。

このとき官軍側は彰義隊の立て籠《こも》った上野の山を本郷台地から砲撃した。佐賀《さが》藩が作り上げたアームストロング砲が活躍したといわれる場面である。村田《むらた》峰次郎《みねじろう》述『大村益次郎《おおむらますじろう》先生事蹟』によると、「そこで先生が全く上野追討の計画を皆に授けられ、（中略）薩州、長州、肥後、因州、芸州の兵を湯島の方より上野の黒門前に出し、又長州、肥前、筑後、大村、佐土原、館林の兵を本郷及び団子坂の方より廻《ま》はされたのであります」とのことで、肥前のアームストロング砲は本郷の辺りに据えられたことになる。具体的には、加賀藩邸、富山藩邸など（いまの東京大学構内）だが、実際は高田藩の榊原家の屋敷から撃ったという説もある。そうだとすれば、これは後の岩崎邸の敷地からということになる。上野を狙うには榊原の屋敷に大砲を据えるのが一番効果的なので、この説には説得力がある。しかしそうなると、かわいそうなのは神木隊の面々で、彼らは自分たちの藩邸から攻撃を受けたことになる。

やがて維新なってから、この屋敷地は榊原家の手を離れた。おそらくは上地《じょうち》（政府に没収されること）されたのであろう。そして、『本郷區史《くし》』の伝えるところによれば、この屋敷地は桐野利秋《きりのとしあき》の所有に帰したという。桐野は西郷隆盛《さいごうたかもり》の腹心であり、西南戦争で西郷と行動をともにする人物である。前半生における中村半次郎《なかむらはんじろう》という名でも知られる。

『本郷區史』は、

「今の池の端岩崎邸は維新後一時桐野利秋の有に帰したが、明治六年征韓の論破るゝや、利秋は之を五十金にて何人にも譲与すべしと大書して鹿児島に去りたる所と伝へらるゝのであるが、後ち幾何《いくば》くもなく岩崎の有に帰し、其の岩崎が利秋等を主謀とする西南の役に大儲《もう》けをなしたるも蓋《けだ》し思議すべからざる因縁であらう」

と述べる。

桐野が西南戦争で死んでしまい、その後の経緯を伝えるものがなくなってしまったので、彼がここに住んだという証拠は現在では見つからないが、たとえば土佐《とさ》の土方久元《ひじかたひさもと》が維新直後、幕府の主戦論の急先鋒であった小栗上野介《おぐりこうずけのすけ》の屋敷に入り込んでいる例もあるから、桐野が榊原家の屋敷を取ったということもあったのであろう。幕末から、この屋敷地の主《あるじ》は、榊原、桐野、牧野、そして岩崎へと、わずか一〇年ほどの間に変遷をとげたのである。国元へ立ち去る桐野から、牧野弼成が「五十金」でこの土地を手に入れたとは思えないが、明治一一年に牧野が岩崎の代理人と考えられる大戸三二郎という人物に土地を家屋とともに売った時の代金は三万四五〇〇円であった。かなりの高値といってよいのではないか。

江戸が維新を迎えた時期には、市中は寂れ、人は減り、江戸全体が荒れ果てた。しかし江戸の町は必ずふたたび街衢《がいく》殷賑《いんしん》を極めるにちがいないと考える人もいた。彰義隊をやっつけた大村益次郎はそうした慧眼《けいがん》の持ち主のひとりで、『事蹟』はこんなことを記している。「門人に向かっても君方はこれから事業のために金が要るならば今から土地を買ふて置くが宜《よ》い、さうすれば必ず値が出ますぞと云はれたさうである、其当時は東京の土地の値は二束三文で、どんな立派な屋敷でも、土蔵門構で一坪を二銭五厘と云ふのが、その頃は誰も買ふ気は起らない、所が先生は早くさう云ふことに気が付いた」

彼の予言は当たった。

買収に応じない人物

岩崎家が牧野弼成からこの土地を入手したときに、ここには一〇一坪の平屋の母屋と数棟の付属屋が建っていた。さきにも述べたが、岩崎彌太郎がここに住所を移すのは、『三菱社誌』によると明治一五年八月五日である。このときは、妻の喜勢《きせ》、次男の秀彌、五女の雅子、そして「妾《めかけ》」のヤスが転居を届けている。この頃のこととて、妻妾《さいしょう》同居が公然と行なわれていたことが知られる。

彼はここに屋敷を新築したのであろうか。そのあたりの事情はよく解からないが、『岩崎彌太郎傳』はつぎのように記す。

「下谷茅町に自邸が出来た時、旧友尾崎忠治《おざきただはる》（青年時代の同僚、大審院長）が訪ねてきた。尾崎は『庭は広いが、家は粗末だ。君も今少し立派な普請をしてもよい身分ではないか』といった。彌太郎は『いや、俺の事業はまだ半ばだ、今から小成に安んじて家など作っては居れぬ。まづ七十歳になつたら、立派なものを作って御覧に入れよう』といった」

したがって、彌太郎の邸宅はさほど豪奢《ごうしゃ》なものではなかったと考えたい。この一四年後に、ここには彌太郎の長男久彌《ひさや》によって新たに本邸が建設されるのであるから。

明治一一年八月に最初にここの土地を手に入れて以後、周囲の土地を買い足しながら、岩崎家本邸はその偉容を整えてゆくのだが、細かい経緯は解からない。断片的には、明治一一年一月一八日に湯島天神町二丁目の三好栄蔵から、四月二八日に湯島切通町の塩谷良翰から、三月二六日には湯島天神町の安東久右衛門と伊東善七から、五月八日にも同町の柴田虎三郎と家寿多利兵衛から、翌日にもまた同じ柴田虎三郎から家屋を買い取っている。そして、この年の暮れの一二月一七日にも湯島切通町の由利元と鈴木清次郎から、二〇日には同町の吉田明盛から、おなじように家屋を買い取っている。

岩崎家はこの明治一一年には深川清住町《ふかがわきよすみちょう》や本郷駒込富士前町《こまごめふじまえちょう》などでも宏大《こうだい》な土地を買っている。これは西南戦争で莫大《ばくだい》な利益をあげた岩崎家が、その利益を東京の土地に換えたためだといわれる。岩崎家が都市地主としての基礎を固めるのは、このときなのだ。戦争であげた利益をただちに手堅い物件に換えてゆくあたりに、彼らのしっかりした先見性が窺《うかが》われる。けれど、小規模な土地購入だった湯島近辺の家屋入手は、本邸整備の一環であろう。

ここで面白い話がある。岩崎家が懸命になって湯島の本邸周囲の土地を買い集めているのに対して、断固買収に応じなかった者がいたのである。これは湯島切通町九ノ二の土地三九坪五合六勺をもつ鈴木清次郎という男である。彼が明治一一年一二月一七日に「柿葺《こけらぶき》弐階及平屋弐棟」「拾弐坪五合」を一二〇円で岩崎家に売ったことは書類に見えるのだが、土地は売らなかった。『本郷區史』はこんな話を載せている。
「当時岩崎家に於《おい》ては其の西隣町家を買収するに際し、直接交渉を試みるときは其の高値となるべきを慮《おもんぱか》り、それぞれ手を廻《めぐ》らし各個に買収の歩を進めた。金網屋の鈴木清次郎は、湯島小学校の世話掛をなし、又区会議員にも選ばれた立派な男であるが、其の買収手段を陋劣《ろうれつ》なりとして断じて買収に応じない。為《た》めに岩崎家に於ても止むを得ず鈴木家を境として塀を曲げることゝしたが、鈴木家のみの買収不能を注視せらるゝを厭《いと》ひ、同家以西は同家に似寄りの長屋を建てゝ世間体を繕ったといふことである。然《しか》るに斯《こ》の由緒ある鈴木金網店も、此の頃（昭和一〇年秋）神田《かんだ》佐久《さく》間町《まちょう》に移転して、『売貸家』の木札が掛けられて居るのは淋しい」

いま、この辺りを歩いても、「塀の曲がり」はさほど不自然に思われないが、いつもこうした愛すべき臍曲《へそま》がりはいるものである。『區史』は鈴木清次郎の行く末を案じていたけれど、この直後、彼は土地をついに売った。しかし新しい所有者として登記されたのは、下谷区練塀町《ねりべいちょう》一三に住む佐久間徳三郎であった。彼は岩崎家だけには土地を売らなかったのである。

く葬られた。

コンドルの意匠

さて話を岩崎家に戻すと、岩崎彌太郎は明治一八年二月七日この本邸で歿《ぼっ》した。この本邸に住むこと、僅《わず》かに三年あまりであった。彼はかねて購入してあった染井の墓所に手厚く葬られた。

彌太郎の跡を継いだ久彌は、当時まだ二一歳であったが、その後明治一九年から二四年までをペンシルヴァニア大学に留学し、二七年保科寧子《ほしなしづこ》と結婚、二九年八月に茅町に本邸を移している。それまで彼は駒込の別邸に住んでいたのである。

久彌の本邸洋館を設計したのは、お雇い外国人として工部大学校で建築を教えたジョサイア・コンドルであった。いまも同じ場所に残るこの邸宅は、明治初期の木造洋風住宅の最高峰を示す作品であり、コンドルの初期の代表作のひとつでもある。レンガ造りを多く残したコンドルがこの住宅では木造でジャコビアン風の意匠を試みたのは、アメリカ帰りの久彌の好みの投影だともいわれるが、真偽のほどは解からない。けれど、南側に大きくベランダが張り出した庭園側の姿は、アメリカ南部のプランテーションを営む地主の大邸宅にどことなく感じが似ている。牧畜などを好んだ久彌の後半生を考えると、この印象には理由がありそうに思えてくる。

この時代の常で洋館に接続して宏大な和風の住宅も建てられていた。こちらの工事を行なったのは棟梁《とうりょう》の大河内喜十郎、設計は岡本春道と伝える。終戦を迎えるまでは、この館は落ち着いた財閥当主の館でありつづけた。この時期には、邸宅への入口はいまの天神下のほうで、そこから池之端《いけのはた》にちかい側をぐるりとまわって邸宅の玄関に到達する通路が設けられていた。いまでもその道は敷地内に残されているし、玄関前には車回しの広場があって、そこを囲むように石の塀が見られる。

興味深いのはこの洋風の石の塀に、西洋の紋章を彫り込むような盾型の装飾が浮き彫りされ、そのなかに岩崎家の紋所である重ね菱《びし》というのか三階菱というのか、菱餅《ひしもち》を三重に重ねた家紋が彫られていることである。コンドルという建築家は、西洋建築を建てるときに、できるだけ日本的な要素も取り込もうとしていたので、この家紋も彼の発意になる装飾と思われる。いまもなお残る、この忘れ去られた浮き彫りの家紋を見ると、時の流れの儚《はかな》さのようなものを感じる。

維新の激変期を過ぎて、下谷茅町から台東区池之端一丁目へと住所が変わっても、洋館を中心とするまとまりには往時の面影が残りつづけていたのである。

消えた高田邸

往時の面影といま言ったが、往時の面影は邸外に出ればすでにない。いや、邸内にたたずんでも、そんなものはいまやないのだけれど、この屋敷を出て、往時の面影を近所に訪ねてみよう。

岩崎邸から南に四、五分も歩けば、かつてはもう一軒のコンドル設計の邸宅に行きあった時代があったのである。その邸宅は高田慎蔵《たかだしんぞう》の屋敷だった。当時の住所で言えば三組町五八番地がその所在地である。レンガ造り二階建て、張出し窓がつき、輸入品らしい鉄とガラスでできた車寄せの美しい邸宅だった。規模はさほど大きくなく、ちょうど英国ヴィクトリア朝のロンドン郊外にでも建っていそうな住宅である。

ここに住む高田慎蔵は、高田商会を興し、日露戦争当時にはその資産約二〇〇〇万円といわれた。一時は、高田商会が機械の輸入では日本の商社中最大の取り扱い高を誇っていたのである。

高田慎蔵邸の地下には、本格的なワインセラーも備えられていた。明治から昭和初年にかけて、茶道や数寄の文化人だった高橋箒庵《たかはしそうあん》はこう言っている。

「高田氏は性来左利《きき》であつた中にも、最も洋酒を嗜《たしな》み、彼が湯島の西洋館地下の洋酒倉には、葡萄《ぶどう》酒其他各種の洋酒類を蓄積し、凡《およ》そ百年位前より、出産年別に細記して其品等を分ち、室内の温度を平常六十度位にして、之を保存する丹精は固《もと》より容易の事に非《あら》ず、彼の世界大戦争中、仏蘭西《フランス》の葡萄酒輸出が杜絶《とぜつ》せられた時、東洋にボルドウ産古葡萄酒を保蔵する者は、唯我が酒倉のみなりと自慢して、各国大公使達を羨《うらや》ましがらせたのは有名な逸話である」

しかしながら、このような栄華を誇った高田慎蔵も高田商会も、関東大震災後にうたかたのように消えてしまった。高田慎蔵は大正一〇年一二月二六日、肺癌のためにこの湯島の本邸で亡くなる。ついで大正一二年の大震災が、この館を葡萄酒もろとも葬り去ってしまう。さらには、この震災による輸入品の焼失と為替の下落が高田商会を蹉跌《さてつ》に導く。大正一四年二月二〇日、商会は営業を停止する。

高田邸の敷地は震災復興の区画整理によってあとかたもなく消えた。現在湯島の三組坂《みくみざか》という交差点から、東に向かって道路を眺めれば、まさにその道路のところが高田邸の中心部があった場所なのである。

かつての高田邸の向かい側の敷地はある地主が借家を建てて貸しており、借家が何軒か並んでいた。地主は退職した官吏で、彼自身が住んでいたのは品川の海を見晴らすことができた高輪《たかなわ》だった。明治中期以降の東京には、多くの都市地主が存在しており、彼らは東京各地に地所をもっていたものである。高田邸の向かいの土地をもつこの人物は、円地文《えんちふみ》子《こ》の遠縁に当たる人で、彼女の名作『女坂』に登場する癖のつよい中心人物、白川行友《しらかわゆきとも》のモデルだといえば、興味を感ずるひとも稀《まれ》にはあるかもしれない。ついでにいえば、こうした無数のちいさな人物の交錯に興味をもつひとは、ゲニウス・ロキ的な都市史研究の素質がある。

しかしこうした建築とひとびとの歴史すべては、震災によって消えてしまった。邸宅も人もすでに無い。湯島切通しに戻って、岩崎邸のみがかろうじていまも静かに残されているのを見るとき、あらためて新しい感慨がわくのである。

染井に眠る彌太郎

財閥解体を迎えたとき、彌太郎の長男で本家の当主だった岩崎久彌は「すっかり裸になった。土佐の郷里の土地と東京の墓地だけが残ったよ」と、淋しげに語ったといわれる。だが、残された墓所は、岩崎家のモニュメントというにふさわしく、いまもなお、訪れる者を粛然たらしめる雰囲気を漂わせている。

東京染井の墓地に隣接して、独立した地所を構えるこの宏大な墓所は、外側を歩いているかぎりは、その存在さえ感じられない。けれどもここは、門を入ると右手に下谷茅町邸

染井墓地の和風建物

染井墓地の石燈籠

の建物の一部を移したといわれる和風の一棟が建ち、その奥に土塁と石塀を巡らせた墓地が広がる構成になっている。墓地の入口前には一対の鋳鉄製のガス燈。そして右手前には初期三菱会社の取引先であった全国の地方財閥の当主たちの名が刻まれた手水《ちょうず》の巨石。名前には桑名《くわな》の諸戸《もろと》精六《せいろく》などが見られる。

墓所の中央には岩崎彌太郎の墓が建ち、その右側に彼の父母の墓が二基の墓石となって並び、左側には彌太郎の妻の墓、そしてさらにそれらの左側には長男久彌夫妻の比翼の墓、またその左に久彌の長男彦彌太《ひこやた》の墓。みな、大きくはあるけれど、オーソドックスなかたちの墓石である。これらの墓石群はすべて、瀬戸内で産する万成《まんなり》石ではないかと思われる、わずかに桃色がかった硬質の花崗岩《かこうがん》製。これらの墓石群が土塁に囲まれて、時の流れの外側にあるかのように立ち並んでいる。

明治一八年二月七日に歿した彌太郎は、一三日にここに葬られた。葬列は本邸から湯島切通しを本郷三丁目に向かい、本郷通りを駒込富士前に進み、左に折れてここに達したのである。二時間半弱の行程であったという。

翌月、ここには一対の石燈籠が建立された。ついで明治二一年秋、川田小一郎《かわだこいちろう》による献燈が加えられる。そして七回忌を迎えた明治二三年には三対の献燈がなされた。そのうちには、荘田平五郎《しょうだへいごろう》、吉永治道による献燈が含まれていた。いずれも三菱の大幹部たちである。

さらに大正六年、三対の献燈がここに加わる。献じたのは豊川良平《とよかわりようへい》、加藤高明《かとうたかあき》・春治《はるじ》夫妻、木内重四郎《きうちじゆうしろう》・磯路夫妻。二組の夫婦はいずれも彌太郎の女婿《じよせい》たちである。他にも、銅の燈籠があったが、戦後のドサクサに荒らされて、今は台座の痕跡《こんせき》をとどめるのみである。

ここには会社名や部署名による献燈はない。まだ、時代は組織によってではなく、個人の顔をもったひとびとによって支えられていたのである。

消えた丸の内

明治二三年（一八九〇）三月六日、三菱の総帥であった岩崎彌之助が丸の内の払い下げを受ける決断を下してから、今までで、一一〇年ほどの歴史が経過した。

この決断の裏には、当時英国に出張中であった三菱の幹部、荘田平五郎と末延道成《すえのぶみちなり》が、連名で「買取らるべし……」と打電し、それを受けて検討した結果だといわれる。荘田平五郎は、当時渡英中だった旧知の成瀬隆蔵《なるせりゅうぞう》に、オックスフォードでつぎのように語ったといわれる。

「我国の事業界が発展し、銀行、会社も多くなったが、依然として執務振りは旧式である。私は我国においてもまた速やかに西洋式のオフィス・ストリートを建設することが必要であり、かつ急務であると考えておる」

荘田と末延の両名は西欧の大都市に形成されていた「オフィス・ストリート」を日本にも建設すべきだと痛感していた。

三菱はこのとき、師団司令部跡地、近衛師団兵営跡地、歩兵三連隊跡地、有楽町《ゆうらくちょう》練兵場跡地などとともに、神田三崎町《かんだみさきちょう》練兵場跡地も合わせて払い下げてもらった。それらは合計一〇万七〇二六坪五合九勺九才であったといわれ、代金は一二八万円であった。支払いは八回払いである。丸の内は将来の日本を代表する「オフィス・ストリート」となるべく、ここに出発する。

英国人J・コンドルの設計によって、最初の本格的オフィスビルといわれた赤レンガの三菱一号館がここに竣工したのは明治二七年だった。その後の赤レンガによるオフィス街の拡大を見て、ひとびとはそれを一丁ロンドンとよんだ。コンドル設計の三菱一号館こそ、日本のオフィス・ストリートの出発を画す記念碑的建築だったのである。

コンドルに対するひとびとの信頼は厚く、岩崎彌之助も、彼の甥《おい》であり岩崎彌太郎の長男で三菱の三代目の社長を継ぐ岩崎久彌も、丸の内の買い取りを進言した荘田平五郎も末延道成も、みなそろって自分の本邸の設計をコンドルに依頼している。彼らはコンドルに公私ともに建築を任せたのである。そのうちの「公」の部分が、丸の内のオフィス・ストリートであった。

そして大正一二年（一九二三）に初の本格的な近代的オフィスビルである丸ビルが完成して、三三年間をかけて三菱はついに近代都市を手に入れたといえるのである。何故丸ビルの完成が、近代都市の成立を意味するのか。理由はいくつかある。

まず、このビルは当時の日本最大のオフィスビルだった。しかもこれはアメリカのフラー社の手によって建設され、はじめて本格的なアメリカの建設技術をもたらしたものだったからである。建設のスピードは驚くほど速く、その工事の進め方は後々まで、日本の建設業界の手本となった。

そしてまた、このビルは、デザイン面においても都市化の進行を印象づけるものだった。丸ビルの名称は、丸の内に建つところから付けられたものである。けれども東京駅に面した角地に建つ立地条件を、角を丸く収めたデザインで表現したところに、その名称の起源があるようにも思われてきた。いま風にいうならば、丸ビルはそれが立地する場所の性格を上手《うま》く表現しているとひとびとに思われたのである。

それまで、角地に建つ建物は、その角の部分を強調したデザインをするのが普通だった。それが明治以来の洋風建築の定石だったのである。明治の洋風建築は、主として政府の主導で推進されてきた。中央官庁や地方の郡役所、それに学校などである。これらは余裕のある敷地の中央に、少し奥まって建てられる。そうした際には、左右対称で、中央部を強調したデザインが好まれた。この点は国会議事堂のデザインで検証ずみである。

それに対して民間の商業建築は、目抜きの角地に進出して、角を強調するのだった。商業建築には、いまも角地が好まれる。丸ビルは、東京の中央駅である東京駅の真ん前の角地に建てられたビルである。角を最大限に強調して、強調し過ぎることのない立地だ。にもかかわらず、丸ビルは僅《わず》かに角を丸くするくらいのおとなしいデザインで済ませた。

三菱一号館

丸ビル

これは何故か。

丸ビルの完成時には、すでに日本の都市化も進み、都心にはかなりの数の洋風のビルが建っていた。すなわち、周囲にはすでに洋風の町並みがすがたを現わしていたのである。そうした段階では、あまり角を強調するのは却《かえ》って野暮になる。丸ビルのスマートさはそこにあった。これこそ、都市景観がかなり洋風化したことを示すデザインなのである。丸ビルが、「デザイン面においても都市化の進行を印象づける」と述べた所以《ゆえん》である。ここに近代都市が成立したことの記念碑が現われたのである。

だが、一丁ロンドンを飾った赤レンガのオフィスビル群は、三菱一号館が昭和四三年（一九六八）に壊され、いまではすべて跡形なく消え去った。そして丸ビルもまた平成九年（一九九七）に取り壊されてしまった。三三年間をかけて手に入れた近代都市のすがたを、三菱は七四年で跡形なく消し去ってしまったのだ［のち、二〇〇二年に建て替え］。丸の内地区のなかで、唯一の重要文化財建造物は明治生命館であるが、これは明治はおろか大正ですらなく、昭和に建てられたオフィスビルである。

近代の都市の変化のなかでは、こうしたことは当たり前だと思うひともいる。けれどそれがどれほど異常なことかは、欧米の代表的「オフィス・ストリート」を思い起こしてみれば、理解できよう。丸の内が理想とした英国のシティには、イングランド銀行をはじめとして、一九世紀の建築が増改築されながらもいまもなお多く残されているし、ニューヨークのウォール街にも、J・Pモルガン社の本社屋をはじめ、今世紀初頭の建物がいくつも残っている。まるごと建物群が消えてしまった街はどこにもない。

これは、どこかしら、ダムに水没してしまった村を思わせる。ダムの建設は山村を消し去ってきたが、大都会の真ん中でもおなじことが起きているのである。経済優先の「活力ある町」を掛け声にするかぎり、わが国には近代の村も町も育たないのではあるまいか。都市計画、都市づくりとは、道路や摩天楼を描き上げることであるより、まず安定した場所、安定した土地をひとびとに確保することではあるまいか。

2 三菱・岩崎家の土地――岩崎小彌太の鳥居坂

財閥解体

昭和二〇年一〇月二一日、岩崎小彌太は熱海にある別邸を出て東京に向かった。玄関を出るとき、「(株主) 総会が済んだらすぐに帰ってくるよ」と気軽にいい残して車に乗ったと、『岩崎小彌太伝』は伝えている。

壮大な西洋館の屋根が抱え込むように張り出した玄関を離れると、車は静かに迂回《うかい》して、右手に開いたトンネルのなかに消えてゆく。「陽和洞」と刻まれた銘板がトンネルの入口に掲げられ、周囲は粗く仕上げた石積みで固められているが、この名はトンネルの名前であるだけでなく、熱海の別邸の名称でもあった。

直線のトンネルはほどなく尽き、自動車は竹林のなかに出る。竹は青々として天をふさぎ、散り敷いた竹葉に白い地面がかえって空より明るく感じられるまでに、鬱蒼《うっそう》としている。道はふたたび迂回しながら降りてゆく。この道を降りきれば別邸の門に達し、熱海の町の賑《にぎ》わいのなかに車は入ってゆく。

小彌太はふと、首をめぐらして、通り過ぎようとする竹林を振り返った。

今日は日曜日である。何事もない時代であれば、今日は一日洋館の居間にいて、静かに庭を眺めていたかもしれない。あるいは、英国風につくらせた書斎で読書三昧《ざんまい》の日を過ごせたかもしれない。

だが、いまはそれも叶《かな》わぬ夢だ。上京すればそこには三菱の運命を決することになる困難と、決断を迫る難局の数々が待ち構えている。

最近でこそ、三菱の各社は責任者たちに社長を名乗らせているが、かつては三菱で社長といえば岩崎小彌太本社社長ひとりであったし、いまでも彼だけは「大社長」とよばれている。彼が三菱財閥の総帥であることは、呼称がどのようにかわろうとも、明白な事実なのであった。

三菱の総帥の地位は岩崎彌太郎にはじまり、その弟彌之助が第二代の社長を引き継ぎ、その後彌太郎の長男久彌が三代社長になり、そして第四代の社長として、いま彌之助の長男小彌太がいる。三菱本社社長の地位は兄弟それぞれが禅譲しながら継承してきたのである。その三菱財閥の命運を賭《か》けて、彼は熱海の別邸「陽和洞」を後にしてきたのであった。

八月一五日の敗戦以来、日本に乗り込んできたGHQ（連合軍総司令部）はさまざまな指令を発してきた。経済政策の重要な問題として、財閥の解体が指示される恐れはその頃から十分にあった。すでに終戦三日目の八月一七日、小彌太は会社幹部を地方の主要な事業所に派遣して、従業員たちを慰労するとともに、平和産業への転換を行なうよう指示し、「進駐軍より要求あるものに対しては隠匿、湮滅《いんめつ》を図ることなく、要求通り有体《ありてい》に提出されたい」と指示してその日に備えていた。

GHQに対しても三菱のこれまでの発展の歴史等の資料を提出して三菱と国との関係を説明しておいた。ところが九月二二日になって、アメリカ国防省は初の対日政策を公表し、戦争協力者である財閥を解体する方針を打ち出した。

岩崎小彌太（三菱史料館蔵）

それに追い討ちをかけるようなかたちで、一〇月一五日にGHQのクレーマー大佐が具体的な財閥解体の方針を発表したのである。それは「戦争を利用して利益を博したものへの懲罰的措置」を目指したもので、大蔵省に対して四大財閥（三井、三菱、住友、安田）の「自発的解体」の共同声明を要求するものであった。

一〇月一八日には安田保善社がこの方針の受け入れを決定。三井、住友もこれに倣《なら》うことを決めた。岩崎小彌太はこの方針に反対であった。解散命令が出されるのであればそれに従うつもりだが、自発的に解体を宣言するのは、己の非を認める態度だと思われたのである。

彼が上京を決意したのは、まさにこうした事態に対処するためであった。

東京では要路にあるひとびとに面会して、自分の考えを述べ、理解を得なければならない。まず終戦連絡事務局総裁の児玉謙次《こだまけんじ》。彼とは正金《しょうきん》銀行頭取時代からの付き合いがある。それに大蔵大臣の渋沢敬三《けいぞう》とも会わねばならない。

一〇月一杯そうしたひとびとと話し合ったうえで、一一月一日の株主総会ですべてを決さねばならぬ。おそらく、どのようなかたちで財閥解体がなされるにせよ、一一月一日の株主総会で小彌太が本社社長を辞任することになるのは明白であった。総帥としての責任をこの一週間のうちに果たさねばならないのである。

陽和洞、開東閣

小彌太はふたたび頭《こうべ》を巡らして、過ぎてきた陽和洞の竹林の方を振り返った。虎が似合いそうな豪放な竹林だとしばしば称賛されたそれも、もうすでに車からは見えない。

「あの竹林は客を迎える趣向であった」

小彌太はこの別邸を構えるときの苦心を思いだしていた。

熱海に別邸を構えようと考えたとき、何よりも欲しかったのは眺望であった。それも、自分だけが心ゆくまで楽しむことのできる、いわばひとりだけの雄大な眺望である。

岩崎家には無論数多くの別邸があった。箱根の芦ノ湖《あしのこ》畔に構えた別邸見南山荘は、もとは狩猟のための小屋であったが、洋館・日本館を建て、庭園に加えてゴルフコースまで設けた、小彌太にとってはもっとも気のおけない別荘であった。

だが、熱海の別邸陽和洞は愛着がひとしお深い。土地を求めて道なき山坂を自ら登ったことを、小彌太はつい昨日のことのように思いだす。すでに一〇年も昔のこととはとても思われないのだった。

その時、山を分け登ってゆくうちに、ふと熱海の海が見渡せる土地に出て、思わず、

「ここだ、ここだ」

と小彌太が叫んだのを、ずいぶん多くの人が覚えている。小彌太は、海の見える高台に別邸を構えることを自分はずっと望んでいたのだったと、その時改めて気づいたのであった。

小彌太の父、二代目三菱本社社長の岩崎彌之助は、その晩年に東京高輪に開東閣と名付けた邸宅を構えていた。英国人建築家ジョサイア・コンドルの設計したこの洋館は、品川の海を望む高台の上に建つ、豪壮な建築であった。そこから眺める海の景色は例えようもなく開放的で、雄大な気分に人を誘った。

熱海の土地を建築家の中条精一郎《ちゅうじょうせいいちろう》に見せたとき、建築家はいったものである。

「よくこんなよい場所を探しあてましたね」

小彌太は微笑んで答えた。

「君より家を建てた苦労は積んでいるからね」

結局小彌太が探し求めていたのは唯《ただ》ひとつ、海に開けた別荘なのであった。この風景を楽しみ、客とともに味わうことが彼の夢であった。それは、父から彼が受けついだ二代にわたる夢であったかもしれない。もともと彼の家の事業は海運である。海への憧《あこが》れはそこに由来しているのかもしれない。

熱海の別邸の工事は大掛かりなものになった。建築は英国風のカントリーハウスを目指した。コンクリートの大梁の肌をあたかも木材であるかのように見せる仕上げを建築家は試み、それに成功した。

庭園は京都の庭師小川治兵衛《おがわじへえ》に命じて、広々と開けた庭をつくらせた。建物のまえに広

陽和洞

陽和洞立面図

開東閣

がる芝生の中央に奈良の寺院の巨大な礎石を据えて、アクセントにした。伝統的な庭園では、礼拝石とよばれるものだが、ここではそうした定石からは自由な、和とも洋とも決めかねる庭が見られた。

熱海の町から別荘への入口は、トンネルを掘った。はじめはケーブルカーを設けようかとも考えたのだが、あまり世間に目立ち過ぎるのも憚《はばか》られて、トンネルに落ち着いたのである。三菱の幹部たちはそれを喜んだ。トンネルなら、そこを塞《ふさ》げば別荘は外界から遮断された要塞《ようさい》のようになるからである。昭和初年の不況と社会不安のなかでの工事だった。

空襲で焼けた本邸

自動車の振動で小彌太はわれに返った。もうすでに車は東京の市街に入っている。いや、東京の市街であったところというべきかもしれない。いたるところ戦災の跡で、東京の地形がむきだしになっている。東京とはこれほど坂の多いまちであったかと驚きながら、その振動でわれに返り、彼は窓外を見たのであった。腰が痛い。

小彌太の腰痛は、本来ならば安静を必要とするものなのだが、時局が彼にそれを許さない。

これから向かう麻布《あざぶ》鳥居坂《とりいざか》の本邸も、この五月の空襲で焼けてしまっている。門の大きな石組みと庭だけが残って、あとは大きな空《うつ》ろな土地になってしまった。けれどもあそこに残った土蔵の一部に休むことはできるだろう。本邸の庭も小川治兵衛につくらせた。大きな庭をまとめる力は、彼が一番だと思ったからだった。結局小川治兵衛の庭を見ながら、東京での終戦処理を行なうほかないのだ。

「庭とはつくづく不思議なものだ」

彼はひとりごちた。

小彌太の口の動きを見てか、仕切りのガラス越しに運転手が気づかわしげに主人を振り返る。何でもないという仕草をして、彼は座席に沈み込んだ。

大きな石組みの、鳥居坂邸の跡にいたる車道を車はゆっくり進んでゆく。着いたのだ。

運転手が気づかうほど、彼は健康を害していた。それを構っていられぬ非常事態であったから、彼は何もいわずに耐えていた。自分の信ずるところを述べ、政府にもGHQにも言うべきことは言っておかなければならぬ。

しかし、もう一日、熱海の庭で海を眺めていたかった。

鳥居坂の数奇な運命

鳥居坂の本邸は、岩崎小彌太が自分でつくった屋敷である。それまで駿河台に本邸を構えていた小彌太は、関東大震災でこの屋敷を失い、しばらく父の建てた高輪の開東閣に移ったりしてから、この土地に屋敷をつくったのだった。東鳥居坂町《ひがしとりいざかちょう》一二番地というのが住所である。新しい本邸は昭和四年に竣工した。

この屋敷をつくるとき、小彌太はそこに、代表的日本文化を外国人に示せるだけの、質の高い迎賓館を建てようと心に決めた。建築は日光東照宮の大修理を手掛け、明治神宮宝物館の設計でも知られる建築家大江新太郎《おおえしんたろう》に依頼し、庭はこのとき小川治兵衛の手に委《ゆだ》ねたのだった。彼は後に熱海の庭も手掛けることになる。

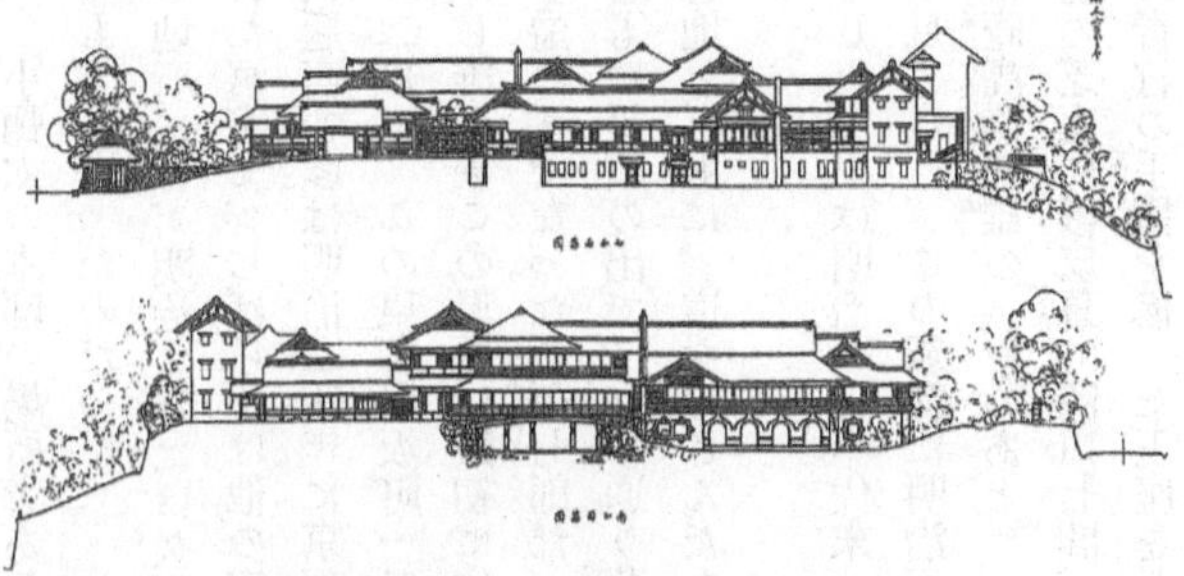

鳥居坂邸図面（上が北側立面図、下が南側立面図）

建物のすがたは屋根の重なり合いの見事な、和風の大邸宅だったが、よく見るとそこには中国風の意匠も込められており、しかも内部には洋間も設けられていたから、これは和・漢・洋を取り集めた美の殿堂なのだった。建築家大江新太郎にとっても、畢生《ひっせい》の大作というべき邸宅だった。

日本文化の粋を示そうという小彌太の意気込みに応じて、本邸は内装にも最高のデザインと技が凝らされた。三井の重鎮である鈍翁益田孝《どんおうますだたかし》に可愛がられている漆《うるし》の作家、松田権六《まつだごんろく》を用いた室内装飾は殊に見事だった。だが、その屋敷もいまはない。庭だけがその骨格を止《とど》めている。「儚《はかな》いものだ」と小彌太は思う。残るのは唯《ただ》場所だけなのだ、と。

この場所は江戸時代から大身の武家の屋敷が建ち並ぶところだった。京極壱岐守《きょうごくいきのかみ》屋敷があったところが、小彌太の本邸の場所である。だが、明治維新後、この場所は数奇な運命をたどって彼のもとに至ったのだった。

この地所には、明治末年には久邇宮《くにのみや》邸があった。久邇宮家は明治八年（一八七五）に創設された宮家で、しばらくは他の宮家が東京にあった時期も本邸を京都に構えていた。初代の久邇宮朝彦《あさひこ》は明治二四年に京都で歿《ぼっ》し、二代目邦彦《くによし》の時代になる。そして明治二五年四月二二日に、この東鳥居坂町一二番地を本邸とした。

しかし維新後この場所に最初に住んでいたのは、長州藩士から皇太后宮大夫などをつとめ、子爵にまでなった杉孫七郎《すぎまごしちろう》だった。それが後に井上馨《いのうえかおる》の屋敷となっていった。杉と井上はともに長州の出で、文字通り莫逆《ばくげき》の友であったといわれる。井上馨はこの東鳥居坂町一二番地とともに、道をはさんだ向い側の鳥居坂町三番地の地所も入手し、洋館を建てたという。

こうした工事は明治一〇年代末から二〇年にかけてのことだったようで、井上は明治二〇年四月二六日、この新邸に明治天皇、皇后、皇太后を招いて天覧の歌舞伎を行なっている。箒庵高橋義雄《そうあんたかはしよしお》の『箒のあと』という本は、その時の様子をこう記している。

「庭前の芝生に杉皮葺《ぶき》で間口七間、花道三間の舞台を作り、舞台より白洲《しらす》を隔つる五六間の処に青竹の手摺《てすり》を構へた玉座を設け、背後に金屏風を立て廻《ま》はした」

実際は二六日に天皇、二七日に皇后、二九日に皇太后の行幸や行啓があり、二八日には各国大公使や内外の顕官たちを招いたのであった。この天覧歌舞伎の行なわれた場所は、東鳥居坂と道をはさんだ鳥居坂町三番地であったといわれるが、後の土地の所有形態からみて、二番地の二、三、四をも含むのではないかと思われる。ここが岩崎小彌太の本邸となっているところである。

久邇宮家は、この鳥居坂をはさんで両側を占める井上邸の地所をそっくり入手したようである。そしてこの場所（正確には鳥居坂町側）で、現在の皇太后すなわち昭和天皇妃は生まれている。彼女は久邇宮家の姫君だったのである。井上邸時代から、ここはなかなか天皇家にゆかりの深い土地だったといえよう。

久邇宮家はその後、明治四三年三月に麴町区《こうじまちく》一番町に移り、さらに渋谷区《しぶやく》宮代町《みやしろちょう》一番地に転居した。宮代町の土地は戦後、映画産業で名を残した永田雅一《ながたまさいち》の口利きで聖心女子大学キャンパスとなったが、現在も一部に久邇宮邸時代の建物が遺《のこ》されている。ついでに述べれば、井上馨に邸地を譲渡した杉孫七郎は、その後平河町《ひらかわちょう》に住んだ。久邇宮邸地の一部は、昭和初年には村松精一という人物の邸宅となっていた。そして別の一部、いま岩崎小彌太の本邸となっているところは、明治末年には赤星《あかぼし》鉄馬邸となっていた。

赤星鉄馬は薩摩出身の政商赤星彌之助《やのすけ》の嗣子《しし》であり、三菱系の実業家であった。旧井上邸が久邇宮邸となり、さらに赤星邸となってゆく経緯は、じつは現在でははっきりしない。ただし、『ジョサイア・コンドル建築図面集II』に引かれた報知新聞大正三年（一九一四）一月二五日の記事によると、「邸宅は輪奐宏壮《りんかんこうそう》の美を極めて、王公貴紳の豪奢《ごうしや》もこれには過ぎまじく思はる。而《しこう》して此処《ここ》には鉄馬の亡父彌之助未亡人静子が居住し其庭園の一木一石、その邸内の各室の装飾建具等実に目を驚かすものあり」という様子であった。

久邇宮家は明治四三年に転出するのであるから、この四年後の赤星邸のすがたが、新築された建物のすがたなのか建物ごと引き継いだすがたなのかは解からない。彌之助を継いだ若き当主の鉄馬は、明治四三年に赤坂区台町《だいまち》二番地に新婚生活を送るための新居を、コンドルの設計で竣工させており、また明治四〇年には赤星家の大磯別邸が同じくコンドルの設計によって竣工しているので、鳥居坂のほうの赤星邸はそれ以前の邸宅を用いていた可能性も残る。というのも、赤星彌之助は明治三七年末に死去しており、その後、未亡人静子が明治四三年から大正三年、すなわち久邇宮家が転出してから報知新聞の記事が現われるまでの間に、隠居所としてここに「輪奐宏壮の美を極めた」邸宅を新しく建設するとは考えにくいからである。

岩崎小彌太が本邸とした場所は、この赤星鉄馬の屋敷地をそっくり譲り受けたものである。

「熱海へ帰ろう」

本邸の廃墟《はいきょ》の前に立っても、感慨に耽《ふけ》りつづける暇はなかった。東京に着いてからの岩崎小彌太は、精力的に活動した。

一〇月二二日、終戦連絡事務局総裁児玉謙次と会談。二三日、大蔵大臣渋沢敬三と会談。二四日、ふたたび児玉総裁と会談。この後、彼はついに病に倒れた。鳥居坂本邸の焼け残りの土蔵で療養するが、二九日になって、本郷の東大病院に入院せざるを得なくなった。

一一月一日には株主総会が開催されたが、彼は東大病院の病床にあって出席できなかった。しかしこの総会で、三菱本社の解散が近いことが発表され、小彌太は本社社長をはじめとする関連の役職から一切退いた。

こうして彼は自らの終戦を処理したのである。

病いは日毎に募った。小彌太は「熱海へ帰ろう。こうしていても仕方がない」といって、しきりに帰宅を希望した。

彼の目の前には、冬も青々とした芝原の彼方《かなた》に熱海の海を眺められる陽和洞の庭が浮かんでいた。坂道を登り、竹林を過ぎ、トンネルを越えると、低く低く屋根を抑えた洋館の入口に達する。重々しく開かれる木の扉を通って玄関に入り、廊下の扉を開けば大階段の降りてくる吹き抜けの大ホールである。その南面一杯に開ける窓から芝生の庭が見え、木立の間に白く輝く熱海の海が見える。

その庭をつくり、鳥居坂の本邸の庭も手掛けた小川治兵衛もいまは亡い。ああした庭がつくられる時代は永久に終わってしまったのだ。彼はふたたびつぶやいた。

「熱海へ帰ろう」

十二月二日、岩崎小彌太は東大病院を出ることなく、ついに歿《ぼつ》した。岩崎彌太郎以来の、三菱の「大社長」は四代をもって終焉《しゅうえん》した。

そうそうたる住人たち

岩崎小彌太の夢の結晶であった熱海の岩崎家別邸陽和洞は、奇跡のようにいまもなお、熱海の山ふところに抱かれて静かに佇《たたず》んでいる。彼のもうひとつの夢の邸宅であった鳥居坂本邸は、彼が目にしたときには、すでに灰燼《かいじん》に帰したすがたとなっていた。しかし往時は、岩崎家が屋敷を構えるにふさわしい、大邸宅街が周囲にも広がっていたのである。

そもそも鳥居坂の名のおこりは、慶長の初期に鳥居《とりい》彦《ひこ》右衛《え》門元忠《もんもとただ》がこのあたりに屋敷を拝領していたからだといわれている。一説では氷《ひ》川《かわ》神社の二の鳥居があったから、あるいは三の鳥居があったからともいう。『江戸名所図会』は後者の説をとり、三の鳥居のあったところが鳥居坂で二の鳥居は永坂《ながさか》にあったといっている。『江戸砂子《すなご》』は前者の説をとるが、今の鳥居坂の道ができたのは元禄の少し前頃と思われる。江戸図にあたると延宝図にはまだ鳥居坂に現在の道はなく、元禄版の遠江道印《どういん》の江戸図になって現在の鳥居坂の道が現われるからである。鳥居坂は江戸時代を通じて大名屋敷のならぶ高台の武家地であった。

昭和一六年発行の『麻布區史《くし》』は、区内各町会の紹介の部分で、鳥居坂町東鳥居坂町町会については、次のように述べている。

「本町会の区域は区内有数の高級住宅地で、大正大震災に依《よ》て初めて町会の組織を見るに至った。会員数五〇、隣組八、形の上に於《お》ては区内最小の町会である」

町会が形の上では区内最小ということは、一戸あたりの敷地面積の大きい、人口密度の低い地区であることを意味する。鳥居坂には、たしかにお屋敷町とよばれるにふさわしい貴顕紳士たちの邸宅が静かなたたずまいを見せていた。小彌太邸の本邸の前には東洋英和女学校が建っており、その隣家は山尾《やまお》家であった。当主は山尾庸三《ようぞう》。長州藩士として若き日の伊藤博文や井上馨らとともに英国に渡った彼は造船学をグラスゴーで体得し、後に工《こう》部卿《ぶきょう》等をつとめ、子爵となった。彼は学校と道路ひとつを隔てた東鳥居坂町四番地と五番地に本邸を構えていたのである。

山尾邸からさらに道を隔てた、現在の港区役所麻布支所等の土地には麻布小学校があり、その隣は本野《もとの》盛亨《もりみち》、一郎《いちろう》父子の邸宅があった。父親盛亨は佐賀藩士で読売新聞の創業者、子の一郎は外交官となり、外相もつとめ、また読売新聞の社主ともなって、子爵を授けられた人物である。ちなみに、盛亨の末子の本野精吾《せいご》は建築家となり、京都高等工芸学校の教授となった。近代建築の導入者として再評価されつつある存在である。

本野邸のさらに隣にあたる東鳥居坂町二の一の土地は鍋島《なべしま》桂次《けいじ》郎《ろう》の所有であるが、明治末年の地籍図に福井菊三郎の名も記されているので、三井財閥の幹部であった福井がここに本邸を構えていたことがわかる。福井家は大正四年頃に赤坂に本邸を移して去っていった。この二の一番地は現在の六本木の交差点から狸穴《まみあな》にむかう大通りに面した場所である。この通りに面する東側の一番地は太田利兵衛と松平頼和《まつだいらよりかず》の所有地であった。

ここで元に引き返すと、山尾家の東側すなわち永坂側の土地（六番地と七の一番地）は三井一家のうちの永坂町家の三井《みつい》守之《もりの》助《すけ》邸があった。しかしこの土地は大正末年には小田良治邸となっている。三井守之助邸は永坂町一番地に移ったのである。小田良治は土地を入手するや大正一三年にアメリカ人建築家ガーディナーの設計による天文台つきの洋館を建設した。戦後フィリピン大使館の所有となったりしたこの洋館は、戦前の鳥居坂を感じさせる貴重な建物であった。小田は三井物産札幌出張所所長などをつとめ、北海道で鉱山経営にもあたった。札幌にもガーディナーの設計による邸宅を大正四年頃に建てている。

東洋英和、国際文化会館

薩摩藩士で海軍軍医総監に任ぜられ、後に現在の東京慈恵会医大《じけいかい》を創立、貴族院議員等を歴任し、男爵も授けられている高木兼寛《たかきかねひろ》もまた、この土地の住人だった。彼は明治四五年三月に東鳥居坂町一三番地に本邸を新築竣工し、引き移っている。彼は明治一四年からそれまで、京橋区西紺屋町《きょうばしくにしこんやちょう》に住んでいたのであった。彼は東洋英和女学校の旧校地を購入して移り住んできたのだった。

東洋英和女学校の敷地の東隣り（永坂寄り）の地所は村松一、鹿島長次郎の所有であった。また鳥居坂の道に面した南隣りは実吉安純《さねよしやすずみ》邸があった。この実吉安純は高木兼寛と同様鹿児島藩士で軍医となり、高木の後に海軍軍医総監となって、子爵を授けられた人物である。この実吉邸の東隣りの敷地は住友吉左衛門が所有していた。しかしながら住友家は大阪の財閥であり、東京における邸宅としては麻布市兵衛町《あざぶいちべえちょう》に屋敷をもっていたので、この東鳥居坂町に本格的な建物を構えていたかは不明である。住友家の地所は後に門野幾之進《かどのいくのしん》の所有に帰す。

鳥居坂の通りに戻って実吉邸の南隣りをみると、ここは麻生二郎邸で、この邸地は永坂の側までつながっていた。

現在シンガポール大使館のあるところには明治三九年一一月三日から大正三年三月八日まで、東久邇宮家《ひがしくにのみや》があったと、『麻布區史』は伝える。東久邇宮家はその名の通り、久邇宮家の支流であり、久邇宮家九男の稔彦《なるひこ》がおこしたものである。そしてこの宮家創設の日は、『麻布區史』の伝える居住開始の日にほかならない。

東久邇宮家は実家の隣りに創設されて、住んだということになる。このあたりの事情は庶民的ではほ笑ましく感じられるが、くわしい事情は解からない。東久邇宮家は本邸をその後転々とするのであるが、一応戦前は麻布市兵衛町の皇族賜邸地に本邸を構えていた。東久邇宮邸となった東鳥居坂町五番地は、宮が住んでいたとされる明治末年においても土地の所有者は末延道成である。本邸を借地したと考えるのが、おそらくは正しいのかもしれない。

末延道成は戦前ずっとこの土地を所有しており、東久邇宮が去った後は本邸としている。彼は三菱財閥の大幹部であり、東京海上火災の会長をつとめたりした人物である。彼はここに、イギリス人建築家コンドルに依頼して木造ハーフティンバーの二階建て洋館を建てた。『建築雑誌』四〇二号（大正九年六月）によれば、この住宅の竣工は明治四〇年（一九〇七）一二月である。そうすると東久邇宮がこの土地に住んでいた期間はほとんどなくなってしまうわけで、『麻布區史』の記述はますます疑わしくなる。東久邇宮稔彦は戦後一時期首相をつとめるが、彼の資料には東鳥居坂町での居住に関する言及は見当たらない。

末延邸は三河台町《みかわだいまち》にあったコンドル自邸とも似たハーフティンバーの住宅で、京都大学に遺された図面中には、多少アール・ヌーボー風の鉄門のデザインがみられる。鳥居坂の台地に建つ、見事な洋館であった。

岩崎小彌太が最後に本邸跡にやってきたときには、末延邸もまた灰燼に帰していた。

そしてそれからすでに半世紀を経た現在、岩崎家本邸の跡には国際文化会館の建物が建っている。それでも、小川治兵衛の手になる庭園や入口のあたりには、岩崎本邸時代の面影がしのばれる。四季折々に花を咲かせるこの庭園を眺めるとき、そこに建っていた小彌太が情熱を注いだ本邸の有様が目にうかぶ。そこがいま、国際交流のための場所として生きつづけていることは、小彌太の遺志にも適《かな》うことであろう。

岩崎邸の設計者大江新太郎の長男で、おなじく建築家となった大江宏《ひろし》が、やがて同じ町内に東洋英和女学院の小学部・短大の校舎を設計することになったのも、何かのめぐり合わせであろうか。

田中光顕の場所

『維新風雲回顧録』という本がある。土佐の佐川《さかわ》というところに生まれた田中光顕《みつあき》の回顧録である。いまでは河出文庫に収められていて、序文を司馬遼太郎《しばりようたろう》が書いている。けれどそこにはなかなか辛辣《しんらつ》なことが書いてある。前半を引いてみよう。

「田中光顕は、土佐の人である。年少のころ郷関を脱藩し、いわゆる幕末の風雲をつぶさに体験し、昭和十四年九十七歳まで生きた。幕末のころには、長州の高杉晋作《たかすぎしんさく》の腰巾着《こしぎんちゃく》のようにして奔走し、高杉が死ぬと、土佐の中岡慎太郎《なかおかしんたろう》に従い、維新後は土佐系というよりも長州系の傍役として、かずかずの要職についた。いわば典型的な二流志士であるが……」

これで序文の半分くらいである。短い序文だ。それを辛辣に書くのは、なにか義理でもあって書いたためかもしれないが、めずらしい序文である。

この序文にあるとおり、田中は二二歳で脱藩して長州の高杉晋作らと交わり、維新後は岩倉使節団に加わって欧米を回り、後半生は学習院長、宮内大臣などをつとめて、昭和一四年に九七歳という長命を保って死んだ。

田中光顕が佐川の出身だということは、彼が土佐で高知城下に育ったのではないことを意味する。佐川は土佐藩主山内《やまうち》氏の家老深尾氏の知行地《ちぎょうち》だった。ここで彼の家は一人扶持《ぶち》一日玄米五合という待遇であった。家老の家来である。こういう地位を陪臣《ばいしん》という。つまり藩主山内氏の家来の家来だ。この時代、陪臣は「又もの」などとよばれて馬鹿にされた。

たしかに陪臣の身分にはつらいものがあって、高知城下に出てくるときには、正式の侍と認められず、そのため大小の二本差しは許されず、脇差しだけで歩くという決まりだった。このつらさを、彼は自ら回顧している。維新の功業を成し遂げた志士たちには、こうした軽輩の出身者が多い。彼らの屈辱感が「回天の偉業」へのエネルギー源になったのであろう。

晩年の田中光顕

佐川という町を訪ねたいと思ったのは、志士たちの原風景を見たかったからだ。高知まで仕事で行った際、無理をして出かけてみた。旧街道沿いの町ではあるが、かつての家老深尾氏の遺跡よりも、司牡丹という造り酒屋の工場が目にはいった。ちいさな記念館が田中光顕に捧《ささ》げられていた。静かな、少しばかり眠たい町がそこには横たわっていた。

脱藩する志士たちは、自分の身分、自分の場所に縛られた運命に逆らいたかったのではないか。その心情は、過疎の田舎を捨てて大都会に出てくる、いまの若者とそう大きく違わないのかもしれない。

故郷を捨てた田中光顕は、後年おおいに普請道楽に走る。彼の普請道楽は、故郷を出奔《しゅっぽん》して後、自分の場所をつくり直したくなった男の夢のように思われてならない。

彼は多くの邸宅を営んだ。

本邸は東京目白《めじろ》にあり、蕉雨園とよばれた。この邸宅をつくる際、宮内大臣の地位を利用して、木曾《きそ》の皇室の御料林の檜《ひのき》材を流用したのではないかとのスキャンダルがもちあがった。結局判定はシロと出たけれど、世間の目は疑惑を嗅《か》ぎ付けていたのである。現存するこの邸宅は、明治以降の和風邸宅の白眉《はくび》とも称されるほど、凝った普請をしている。

しかも彼はここに住むだけでなく、さらに大規模な別邸を構えた。静岡県の岩渕《いわぶち》という、新幹線の新富士《しんふじ》駅から近い場所に営んだ古谿荘《こけいそう》というのがそれで、農園を含む宏大《こうだい》な別邸である。建物は見事な座敷を備えた本館や、ギリシア十字形をした離れなど、多彩なものである。こういう建築群を見ていると、これこそ普請道楽という気がしてくる。ここに彼

古谿荘

は大正三年から隠棲《いんせい》した。

古谿荘が営まれた湘南《しょうなん》の地は、維新の元勲や元老たちの別邸が多く営まれたことで知られる。大磯《おおいそ》に伊藤博文、小田原に山県有朋、興津《おきつ》に西園寺《さいおんじ》公望《きんもち》が別邸を構えたのが有名で、戦後になってから、吉田茂《よしだしげる》が大磯、岸信介《きしのぶすけ》が御殿場に別邸を構えたのも、元老たちのライフスタイルを真似たのだといわれるほどである。

湘南に別邸を営み、農場を備えて、一種の英国のカントリー・ジェントルマンのように暮らすのが、功なり名遂げた彼らの夢だったのである。それは、郷里を出奔した志士たちが、最後に自分の場所を求めた結果なのかもしれない。

古谿荘に晩年を送るはずだった田中光顕は、しかしながら大正の末年になってもうひとつ別邸をつくる。これは古谿荘から僅《わず》かに西にいった蒲原《かんばら》という場所に営まれた。青山荘または宝珠荘とよばれる。

これは古谿荘に比べればずっと小振りな別邸であるが、それでも本館一六六坪、別館八〇坪の延べ床面積があるという。最晩年の田中光顕はここに暮らしたのである。庭には大坂城建立当時、淀君《よどぎみ》が好んだという石燈籠や、坂本龍馬《さかもとりょうま》が京都五条の橋際の池田屋で殺されたことを偲《しの》ぶ五条の橋杭、義経《よしつね》の鞍懸石と弁慶《べんけい》の太刀割石と称するものなどが据えられ、贅《ぜい》を凝らしたものだった。

この別邸を拝見したとき、家のなかにもいくつかの仕掛けが凝らされているのに気づいた。和洋折衷の応接室を見たとき、その床の間のような部分には、掛け軸の裏側に抜け穴がつくられていることが解かった。穴は床下に通じていて、庭の方に出られるのである。

晩年の彼は暗殺を恐れたらしい。

だが、一番の驚きは寝室だった。洋式一二坪、和式六坪からなる寝室は、全体が土蔵のような厚い壁に囲まれているのである。ここまで来ると、彼の暗殺恐怖も凄《すさ》まじいものである。彼は毎晩寝るときは、この土蔵のような寝室に立て籠《こも》ったのである。

いったん寝室に籠ったら、後は内側から厳重な鍵《かぎ》を掛けてしまう。これで朝まで安心という訳である。だが、寝室に閉じ籠ってしまうと、安全ではあるが不安でもある。外界で何が起きているか解からなくなってしまうからだ。そこで彼は寝室に「郵便受け」を設けた。廊下にポストの差し出し口のようなものを付けたのである。寝室のなかにいる彼は、召使いから何か用事やメッセージがある場合には、内容を書いた紙切れをこのポストに入れさせ、寝室のなかでそれを読んだというのである。

こういうのは、幸せな晩年というのだろうか。郷里の佐川を出奔した彼は、最後に自分の場所を見出《みいだ》せたのだろうか。

田中光顕の回想録に序文を寄せた司馬遼太郎は、この最後の別邸にある、彼の寝室を見ていたのではないかという気がする。

3 地方の鹿鳴館

大阪・天保山のモニュメント

大阪に天保山《てんぽうざん》というところがある。かつては瀬戸内海航路の船が発着する港として賑《にぎ》わったところだが、いまは臨海部の新しい観光スポットになっている。水族館、美術館、ホテル、大観覧車その他、新しさに満ちている場所だ。

けれどもここを訪れても、本当の天保山の登山に行くひとは少ない。

天保山はその名のとおり、天保年間につくられた人工の山の名前なのである。安易といえば安易だが、ちょうど慶応大学とか明治座とか昭和通りとか、できたときの元号を名前にしているのだ。こうした例は古代からあって、平安時代に創建された比叡山延暦寺は延暦年間の創建であることを伝える寺号をもっているわけだし、それに倣《なら》ったといわれる東京上野の東叡山寛永寺は、寛永年間の創建だ。だから天保山も由緒正しい名称をもつ例なのだ。ただ、天保山の場合は山をつくるのが目的だったというよりも、山は副産物としてできたのだった。

ちょうどその頃、幕府は大坂の町を流れる安治川《あじがわ》の河口を改修していた。川を浚渫《しゅんせつ》して水の流れを良くしたのである。川を浚渫すれば土砂が出る。浚渫とは川ざらいのことだからだ。その土砂を河口に積んだら山になった。これが天保山である。この山は河口を出入りする船の目印になるというので、天保山という立派な名前をつけたのである。

いまもこの山はある。けれども臨海部の小公園のような場所の一画にあるちょっとした台地のようなものに過ぎず、その頂上に登っても格別の感激を味わえるわけではない。そこにたどりつくには、むしろ少し道を下らなければならないという地形なのだ。天保山には、道を下って降り立つのである。変な登山だ。

しかし、ここに行ってみると、大きな石のモニュメントが山頂に立っているのに気づく。よく見れば明治天皇の行幸を記念する碑である。天皇は慶応四年（明治元年）三月二六日にここにやってきた。天皇が京都を出て最初に訪れたのがここ天保山だったのである。このとき明治天皇は大阪市港区《みなとく》にあった陸軍糧秣支廠《りょうまつししょう》において、肥前・肥後・薩摩などの藩による軍艦操練を観閲したのだった。それを記念する碑は、あたかも天保山が聖地であるかのような趣で立っている。

明治天皇聖蹟

天保山に限らず、各地には明治天皇行幸を記念する碑が残されている。それらの地は天皇の聖蹟なのである。天皇は各地を行幸し、その行く先々を聖地にしていったとさえ思えるのである。明治の日本にとって、それは新しい御世《みよ》の始まりを知らしめる重要な行為だった。天保山を訪れた年の九月二〇日、天皇は東京に向かう。これは首都が京都から東京に替わったことを示すできごとと受け止められているが、表面上はあくまでも「東京行幸」であって、東京への旅行なのだった。このときは京都から大津《おおつ》に出て、伊勢神宮に向かい、桑名まで戻ってそこから船に乗り、佐屋《さや》というところで上陸、熱田《あつた》神宮に詣《もう》でて、その後は東海道をたどり、一〇月一六日に旧幕時代の江戸城に入城している。

天保山の記念碑

この「東京行幸」では、旅行途中の九ヵ所の小休止地点（滋賀の大津の鳥居川《とりいがわ》の本陣、草津《くさつ》の本陣、葉山村《はやまむら》の梅の木の六地蔵、土山町《つちやまちょう》の行在所、名古屋《なごや》の八丁畷《はっちょうなわて》、愛知県豊明村《とよあけむら》の東阿野《ひがしあの》、静岡県新居町《あらいちょう》の新居行在所、舞阪町《まいさかちょう》の本陣、そして東京の蒲田《かまた》の本陣）が、昭和八年に史跡名勝天然記念物保存法によって「明治天皇行幸聖蹟」に指定され、文字どおり聖地として保存されることになる。このとき明治天皇の聖蹟に指定されたのは、全国で一一〇〇以上もの地点だった。いまでも時おり、「明治天皇聖蹟」と記した石碑がぽつんと立っている所があり、ひとつの時代を感じさせる。

天皇の行幸はその後も同じような意味を持ちつづけた。敗戦後の日本を巡歴した昭和天皇は、日本を新生させるために行幸をつづけたと思われるし、いまでも植樹祭とか国体などの際、天皇がその地を訪れるのは場所を聖別し、国を嘉《よみ》する行為だと考えられる。実際には、明治初年の行幸は神話的な行為であるよりは、文明開化と新政府の威勢を示すための宣伝活動だったのだが。天皇行幸にはつねに矛盾する二面性が隠されている。

聖地には、後になって碑が立てられるだけでなく、その時には建物も用意される。いま各地に残る明治の建築のなかには、天皇の行幸をはじめとする、皇族や貴顕のひとびとの訪問を機会に建てられたものが多い。これもまた、近世以前からの伝統である。「お成り御殿」というのは天皇の専売特許ではなく、将軍でも大名でも、その例はあった。建物を新築して貴人を迎えるのは、古来の伝統なのである。しかしここでも、その行為は二面性をもつ。ひとつは、新しい建物に意味を見出《みいだ》すという、一種の清浄なるものへの信仰である。伊勢神宮に残る「式年遷宮《しきねんせんぐう》」という行事は、二〇年に一回建物を建て替えることによって、清浄なる神殿を用意する行為と考えられる。この伝統が貴人を迎えるときにも見出されるのだ。その結果、われわれは建物は新しいほど良いといった観念に囚《とら》われるようになる。日本の都市がいつまでたっても、仮普請のような安建築で覆われつづけるのは、こうした「新しいもの信仰」の結果だと見るひともいるくらいだ。

その一方で、お成り御殿の伝統は、新築の建物の豪勢さを見せることによって、迎える側の権力と財力の大きさを誇示する機会をも生み出してきた。豪華で華麗な建築を建てることは、貴人への敬意の表明であると同時に、迎える側にとっても権威の誇示なのだ。建物は最大のプロパガンダの道具だ。この伝統は先ほど述べた伝統とは逆の傾向を秘めている。つまりそこには、貴人を迎えるという行為を通じて、モニュメントを建設するという機会が生じるからだ。

そうした、相反する傾向をもつためか、日本では永久に残るような一大モニュメントはあまり建設されなかった。「明治天皇聖蹟」のように、最後に石碑が建てられてその名を残すというやり方に落ち着くことが多い。それでも、お成り御殿の伝統がモニュメントを生み出した数少ない時代があったとすれば、それが明治時代だったといえるのではないか。明治時代は、建築の伝統を大きく変えた時代だった。伝統的な和風建築から新しい洋風建築へと、建築がそのすがたを変えたのがこの時代だったから、建築によって表現される政治的メッセージの威力は新鮮で大きいものになったからである。明治の日本のなかで、貴人を迎えるために建設された建築に、モニュメンタルなものが多いのは、こうした時代背景によるのである。

日本各地に残るこうした明治の聖蹟記念建築ともいうべき建物は、東京における鹿鳴館《ろくめいかん》の地方版のように見える。ただしそれらは鹿鳴館よりも複雑な存在形態をみせている。なぜならそれらの建物には、神がかった場所の聖別の行為と、西欧文明の物質的な優位を誇示する意識とが並存して潜んでいるからだ。地方であるから、天皇の行幸を記念する建物よりは、皇太子やその他の貴人たちの訪問を記念する建物が多いが、ことの本質には変わりがない。貴人は隠されることによってその尊さを肥大化させるから、天皇の代理人による土地の聖別は、さらにもっともらしい行為になる。

札幌、函館、鳥取、松江の聖蹟

北海道はそうした「土地の聖別」の行為が、とりわけ大きな意味をもつ土地だった。

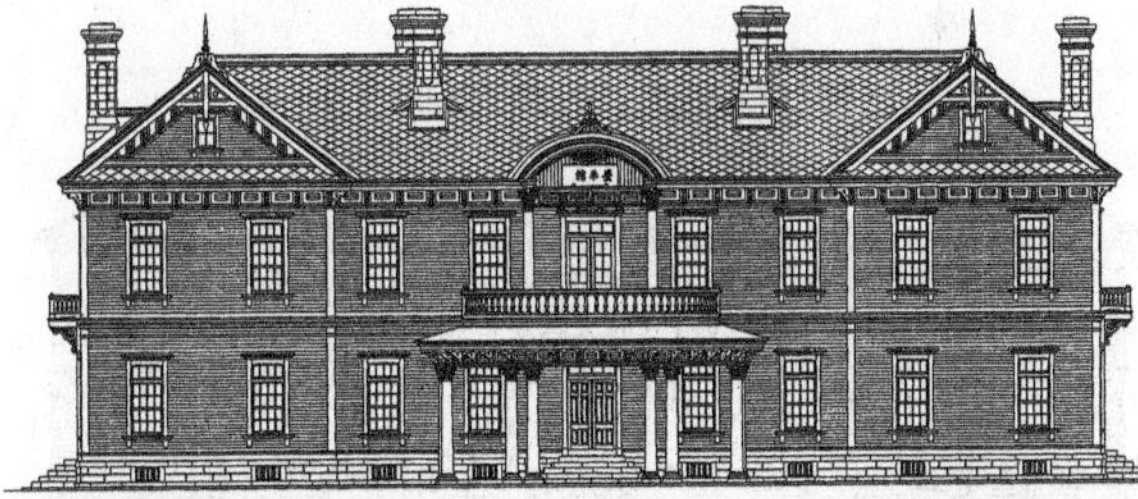

豊平館（修理工事報告書図面）

札幌《さっぽろ》に建つ豊平館《ほうへいかん》という建物は、その典型である。明治一三年に当時の開拓使（北海道の開拓にあたる役所）が、その総力をあげて建設した建物である。この建物は明治天皇が北海道に行幸したときの、行在所に当てられることが予定されていた。そして行幸は建設翌年に実現される。まさに洋風お成り御殿としての建築物であり、同時に文明開化の象徴として地方に建てられる鹿鳴館だったのである。したがって昭和八年に「明治天皇行幸聖蹟」の指定が行なわれたときには、その第一グループのひとつとして聖蹟に指定された。

ブルーと白に塗り分けられた外観、正面中央に設けられた楕円《だえん》形に張り出した車寄せなどは、闊達《かったつ》な意匠であるけれど、これが国家を背負った重い建物であることに変わりはない。

北海道のなかでは、函館《はこだて》に建つ旧函館区公会堂もまた、そうした建物のすがたを伝えている。明治四三年に竣工し

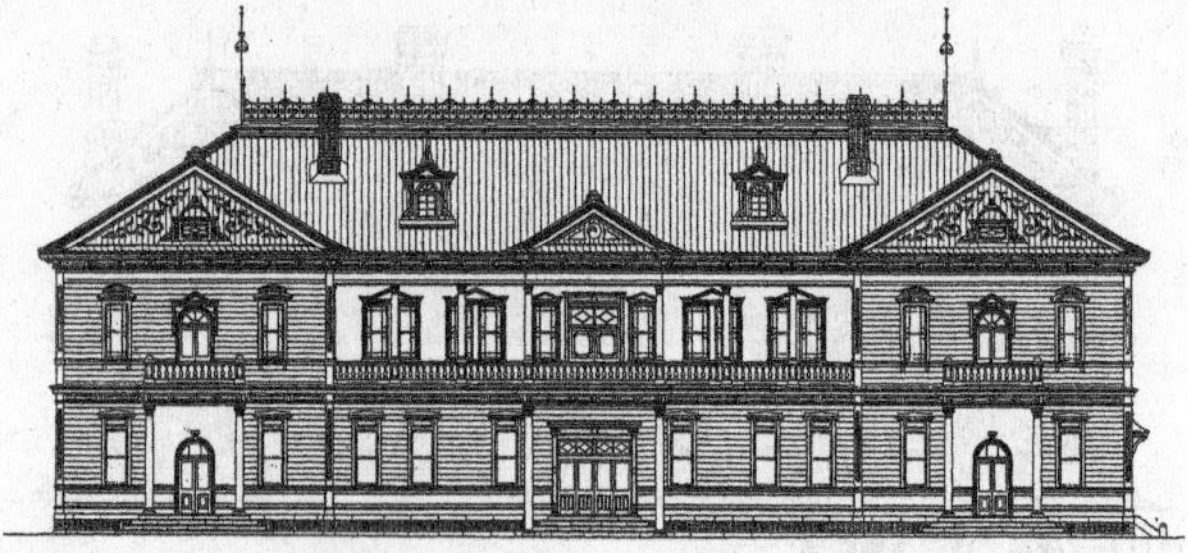

旧函館区公会堂（修理工事報告書図面）

たこの建築は、翌年に皇太子の行啓をみる。そのときに大改造を行なっていまのすがたになっているからである。函館は戊辰戦争の最後の激戦地であり、ここを皇族が聖別することは政府にとって重要なセレモニーだったにちがいない。

公的な建物の常として、旧函館区公会堂の建物も左右対称につくられている。北国の風土を考慮したせいか、それとも現在の建物を見るわれわれの思い込みのせいなのか、淡いブルーと黄色の対比を示したこの建物の色彩は、帝政ロシアの建物を思わせるところがある。北海道の建築には、明治以来北アメリカの技術と意匠が色濃いのだが、それを軽やかに越えて、単なる文明開化の建築ではない表現がここには込められているように思えてならないのだ。明治以降の「天皇聖蹟」の表現がもつ幅の広さのなかで、もっとも西欧的なところに位置する表現が、この旧函館区公会堂なのである。

おなじような建物として、鳥取《とっとり》市には仁風閣《じんぷうかく》という明治建築が残されている。明治四〇年の皇太子行啓に際して建設された宿舎である。設計も国家が直々に関与している。宮内庁の技師であり、いまの迎賓館の設計者として知られる片山東熊《かたやまとうくま》がこの建物を設計しているからである。日本の各地に文明開化の風を吹かせるという意味で、仁風閣という名はなかなかよく選ばれている。

この時の行啓で皇太子は島根の松江《まつえ》市も訪れており、ここにも仁風閣の兄弟のような建物が建てられた。こちらは名前を興雲閣《こううんかく》という。仁風閣と対をなすような命名である。ともに木造二階建て、左右対称の構成をもつ建物である。文明開化の記号としては、これがもっともふさわしい建築構成法だった。

興雲閣はもとの城跡に建てられている。江戸時代までの城下に代わって、新しい町が生まれるのだということを示すためには、城のあった場所を新しい地方の鹿鳴館が占拠するのがもっともよい。そこに建つ建物に、漢文の素養を示す名前を与えることのうちに、明治という時代の両義的な性格がよく現われているのである。

県庁舎、公会堂、学校、将校倶楽部

行幸や行啓に因《ちな》む建物だけでなく、こうした性格は明治時代の一般の公共的建築にもひ

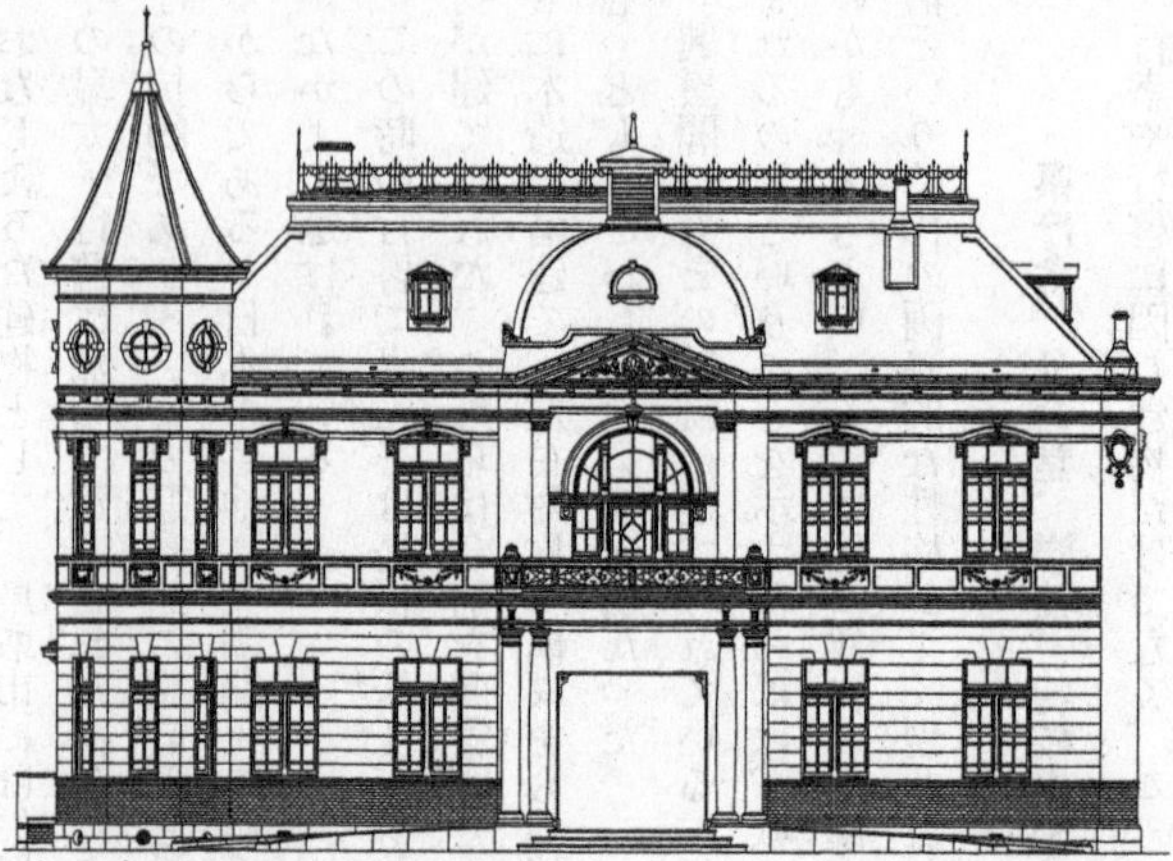
福岡県公会堂貴賓館（修理工事報告書図面）

ろく当て嵌《は》まるものであった。明治建築は、そのいずれもが地方の鹿鳴館という性格を帯びているのである。各地の郡役所の多くは、明治政府が地方にその力を浸透させる拠点であったから、建築もその国家意志を体現した特徴を帯びる。具体的には左右対称で、洋風で、敷地にゆとりがあり、威圧的である。

現在、明治村に移築保存されているもとの三重県庁舎は、明治一二年末に、営繕費全額国庫負担によって建てられた官庁建築であり、当時の公的な建築表現を典型的に示している。ここでは一階正面を入ったところに大きな応接所が二部屋設けられていて、いかにも地方の文明の殿堂といった風情を漂わせている。

福岡市に建てられたもとの福岡県公会堂貴賓館も、そうした迎賓施設のひとつだった。明治四三年に建てられたこの建築は、八角形の塔をもっていて、それが左右対称の構成に変化をつけているが、基本的な性格にかわりはない。この建物は明治四二年に起工、翌年にははやくも閑院宮《かんいんのみや》夫妻がここに宿泊している。そして明治四四年の陸軍特別大演習の際には、この建物が本営として用いられた。大正時代にはいると、大正九年に皇太子が福岡に行啓した際の宿舎となっている。これなどは、公共建築として建てられた目的が、その後の皇室関係の施設を予測したものだったと見られよう。

各地の明治期の学校建築も、郡役所と並ぶ文明開化のシンボルであり、明治政府の威信をかけた施設だった。「村に不学の家無く」という理想を掲げた政府はその先端的拠点の建築にも意を注いだ。現実には地元の熱意と資金が結集されたにせよ、明治の学校は明治の時代精神の結晶となった。たとえば松本《まつもと》の開智《かいち》学校や伊豆《いず》の岩科《いわしな》学校なども、それぞれの地方の文明開化を祈る、地方のシンボルだったのだ。上からの力の表現である郡役所などの建築と、地元からの熱意の結晶である学校が、ともに新しい時代のシンボルとして、建築物を残したのである。

軍の施設、とりわけ各地の師団幹部の官舎や将校倶楽部《くらぶ》などの建物も、地方に上からの文化をもたらす「鹿鳴館」であった。各地に建てられた陸軍の将校倶楽部である偕行社《かいこうしゃ》、海軍の将校倶楽部である水交社の建物は、軍事政策のための施設であると同時に文化政策の施設でもあった。

呉の鎮守府

広島県呉《くれ》市に建つ、もとの海軍呉鎮守府司令長官官舎は、そうした性格をよく示した建物である。現在の建物は明治三六年に建設された。敷地は入船山《いりふねやま》とよばれるところで、もともとは呉地方の総鎮守である亀山神社があったところである。鎮守の杜《もり》に鎮守府の施設ができるというのは、なにか語呂《ごろ》合わせのようにも響くけれど、この場所を巡っては歴史的なエピソードがあった。

そもそも鎮守府というのは海軍の根拠地のことであり、第一海軍区には横須賀鎮守府、第二海軍区に呉鎮守府、第三海軍区に佐世保《させぼ》鎮守府が設けられていた。呉と佐世保の鎮守府は明治二二年の設置である。この後、第四海軍区として舞鶴《まいづる》鎮守府が明治三四年に設けられる。さらに第五海軍区の鎮守府が室蘭《むろらん》につくられる予定だったのだが、これは実現しないで終わった。

呉の鎮守府は、明治二三年四月二一日に鎮守府開廟《かいびょう》式（鎮守府を開く式を開廟式というらしいが、廟とは霊廟のことではないのか。解かりにくい言葉である。しかし廟には、王宮の前

海軍呉鎮守府司令長官官舎（修理工事報告書図面）

殿、朝廷などの意味もあるらしいから、役所を開くという意味にも用いられるのだろう）が行なわれた。このときは、現在の鎮守府司令長官官舎の建物は建っておらず、軍政会議所の建物が建てられていた。この建物は海軍の将校倶楽部である水交社を兼ねた、クリーム色の西洋館だったといわれ、開廟式の前年に建てられたばかりだった。

ここに、開廟式に際して明治天皇の行幸があった。逆にいえば、この行幸を迎えるために建てられたのが、軍政会議所兼水交社の建物だったのである。呉鎮守府の軍政会議所兼水交社を最初に使ったのは、明治天皇だった。いわば、典型的な天皇行幸のためのお成り御殿であり、地方の鹿鳴館だったのである。天皇はこのとき、三月末に東京を出発して、京都で少し滞在した後、神戸から軍艦高千穂に乗って呉にやってきたのだった。しかも呉や江《え》田《た》島《じま》を訪れた足で、佐世保まで直行し佐世保鎮守府の開廟式にも臨席している。精励を極めた行幸であった。

さて呉鎮守府では無事に天皇の行幸を迎えた後、その舞台となった軍政会議所兼水交社の建物は、当時まだ一〇人程度だった海軍将校たちが倶楽部として使うことになった。お成り御殿として、あるいは地方の鹿鳴館として建てられた建物が、僅《わず》かばかりの数の将校によって使われていること、おまけにそこでは海軍軍楽隊の練習や演奏などが行なわれていたので、ひとびとの間から、「これはとんでもない贅沢《ぜいたく》ではないか」という声が上がった。

批判の急先鋒《せんぽう》に立ったのは地元選出の代議士、豊田実頴であった。彼は国会でこの問題を追及した。海軍公債を募ってまで建設した建物がこのような使われ方をしているのは納得できないというわけである。この批判は、当時の藩閥間の勢力争いに利用され、結局衆議院の解散にまで至った。ここには本家の鹿鳴館に対する批判に似た、贅沢批判と洋風批判（この土地はもともと神社の境内地だったことも、ひとびとの批判の根底にはわだかまっていたであろう）が混在しているようである。

結局、この建物は鎮守府司令長官官舎とすることになり、水交社などはほかのところに移転した。鎮守府司令長官官舎となった、もとの「お成り御殿」は、明治三八年にこの地を襲った地震によって大破し、現在の建物が建て直されたのである。

日本の近代が見えてくる

当然気づくことであろうが、このような日本の夜明けを告げるモニュメントは、必ずしも洋風の建築のすがたを身にまとう必然はなかった。和風の明治建築にも時代の精神は込められていたのである。明治二〇年に行幸を仰いだ井上馨が、鳥居坂の屋敷にお成り御殿を建てて、歌舞伎を天覧に供したのも、そうした和風の建物による応接の例である。けれども、そこには鹿鳴館と同じような「文明への意志」が認められるのである。

いまではそれらのいくつかが、記念館や資料館となって保存されている。ある場合には、それらは移築されて別の場所で余生を送っている。すでにこうした建築は、かつてそれらがもっていた聖なる記号という性格を失っているが、目を閉じてその若かりし日を偲んでみるならば、そこには旺盛《おうせい》な生命力と獰猛《どうもう》なまでの力が漲《みなぎ》っていたことを感じるだろう。

さらにこれらの建物がはじめどこに建てられていたのかを調べてみるならば、明治以後の日本の近代が、各地の都市のどの場所を文明開化の拠点に選び、「聖別」したかが見えてくるはずである。場所は、そこを握るものに力を与える。

炭鉱と鉱山・亡者の墓

鉱山町には独特の風情がある。鉱山は地中の資源を採掘して利用するための町だから、資源を掘り尽くしてしまえば、町の命脈も尽きる。どれほど持続的な繁栄を誇っていようとも、鉱山町には必ず寿命がある。無論どんな町にも寿命はあるのだが、鉱山町の場合には、誰もが無言のうちにその寿命を感じているようなところがある。鉱山の採掘はいつも危険を伴う。けれどもその危険さえも、鉱山の寿命が尽きてしまえば、雲散霧消する。危険と儚《はかな》さとが鉱山には漂う。そこに鉱山町独特の風情が生じるのではないか。

鉱山といっても大きく分けて炭鉱の町とそれ以外の鉱山では趣が異なる。炭鉱は大量の石炭を掘りだすのだから、町のスケールもそれに応じて大きくなるように思われる。それ以外の鉱山は、石炭に比べれば鉱脈も細く、掘り方もデリケートであるようで（だからといって、石炭の採掘がデリケートでないという訳ではない）、町の風情も秘境的であると同時に秘教的でもあるように思われる。

たとえばこんな体験がある。先にもこの本のなかで述べた北区の王子神社（権現）の境内を歩いていて、敷石に奇妙な光沢をもった大型のレンガを見つけたことがある。普通の赤レンガよりずっと大きく、中国の「磚《せん》」という大型レンガを思わせるものだった。ただしこちらのものは磚よりも密実で赤黒い光沢が特徴である。

変なレンガだと思ってそのときはそのまま過ぎたが、今度は文京区の茗荷谷《みょうがだに》の谷間を歩いていて、伝明寺という寺の塀の下の方の石積みの部分にまたこのレンガを見つけた。いま、茗荷谷の谷間と書いたけれど、ここは川沿いの谷間ではなく、地形上の谷で、頭の上を地下鉄の丸ノ内線が走っている。ここでの再発見は、謎を一層深めることになったままで、解決はできなかった。こうした謎は数多くて、私はいつも謎の束を抱えて歩いているようなところがある。

そこに、鉱山町が登場する。

兵庫県の生野町《いくのまち》に、昔の銀山の採鉱跡を訪ねたときのことだ。町を見物し、昔の鉱山の一部を見学して帰途に向かう途中、かつての工場の正門の柱などが並べてあるところを通った。と、そこにあの赤黒い大型レンガが用いられているではないか。

ここまできて、はじめてこのレンガの素性がはっきりと解かった。これは銅や銀などを採掘して、最初に精錬するときに出るスラグ（鉱滓《こうさい》）を固めたレンガなのであろう。そうと解かれば、王子神社に用いられていたのは、おそらくは東京から王子を通って行ける足尾の銅山から生まれたものに違いない。王子のことが生野で解かるというのも面白い体験だった。茗荷谷の例は、足尾系のレンガが何かの巡り合わせで用いられることになったのだろう。

これには、さらに後日談があった。こんどは都内の愛宕山《あたごやま》の辺りから新橋《しんばし》駅に向かって歩いていて、住友金属鉱山という会社の前を通り掛かったら、その社屋のまえにおなじ赤黒い大型レンガが用いられていたのである。これは展示用で、そこにはこのレンガが鉱山のスラグから生まれる副産物である旨の解説が書いてあった。「スラグパウダー」というような言葉が使われていたような気がする。

これで謎のレンガの全容は解明された。しかし足尾銅山は古河金属系、生野銀山は三菱系、そしてこの住友は四国の別子《べっし》銅山を本拠としてきたはずである。つまりどのような企業系列であれ、スラグからは似たようなレンガをつくりだしていたらしいということになる。これがひとつの鉱山システムの文化なのであろう。

石炭の町は、それではどのような痕跡《こんせき》を残すのだろうか。北海道の夕張《ゆうばり》炭鉱は、よくできた炭鉱見学のための坑道がつくられているが、町全体としては夕張メロンの町に向かって変身中といった印象であった。

炭鉱は規模が大きく、坑道も大規模なので、廃坑にしたからといって、そのまま放置することはできない。水没させるか埋め戻すかして、坑道が陥没したり別の災害を引き起こしたりしないように万全の手を打つことになっているのだという。炭鉱というと、坑道から出された石炭以外の土砂の山がボタ山となっている風景が有名だったが、あれも数年で草に覆われてしまい、いま行っても自然の土地の起伏にしか見えない。炭鉱は大規模であるがゆえに却《かえ》って跡が残り難《にく》いもののようである。

あるとき、北九州での会合の帰り、友人たちともとの筑豊《ちくほう》炭鉱地帯を訪ねた。炭鉱の遺跡を見てやろうというのである。けれども石炭や炭鉱の資料館はいくつかあるものの、炭鉱の施設そのものが残っているところは意外に少ないらしいと気づいた。埋め戻しのせいだろうか。

結局、福岡県直方市の石炭記念館の一部になっている、旧直方救護練習所という施設と、田川《たがわ》市の石炭記念公園にあるもとの三井鉱山田川鉱業所伊田竪坑櫓《たてこうやぐら》と煙突を見にゆこうということになった。友人たちは別に炭鉱に興味があるわけではなかったが、友達甲斐《がい》についてきてくれたのである。彼らは皆、建築家で、建築家というのは好奇心旺盛《おうせい》なので、こういうときは助かる。

旧直方救護練習所は、文字どおり炭鉱内での事故の救援活動をするための模擬坑道を保存した施設、地上にうねうねとトンネル状の構造物がつくってあるというものだった。内部には入れないので周囲を見て、記念館の資料を見る。なかで一番印象的だったのは、採

直方市石炭記念館

炭用の機械が記念館の敷地内に並べてあったことだ。坑内に入る人たちが乗るトロッコや、坑内の最先端で稼働するドリルを積んだラッセル車のような機械などが、無造作に並んでいる。巨大な機能的機械の造型が、迫力に満ちていて、友人の建築家たちは声もない。

坑内の隅に、緑の塗料が風雨に晒《さら》されて白っぽい緑青色になった機械が放置されていた。四角いロート状の形をしたものだが、何に用いるのか見当もつかない。けれど、まるでマルセル・デュシャンの作品のような気品を備えていた。写真を撮りまくって帰ったのだったが、友人のひとりは密《ひそ》かにその機械のかけらを持ち帰っていた。かけらといっても、錆《さ》びて欠け落ちた塗料の断片なのだが、その色には、何やら人生の深い哀しみがこもっているようですらあった。

鉱山の町に、そうした感情を抱くのは、無責任な旅行者の感傷に過ぎないといわれるだろうが、私は普段歩いている町に対しても同じような感情を抱くことがある。町から感傷を取り去ったら何が残るというのだ。感傷を馬鹿にした結果が、現代の日本の都市の惨状を生んだと言いたい。

鉱山には、即物的であると同時に、深い感傷が潜んでいる。そのことを最初に思い知らされたのは、二〇代の頃、岐阜県の神岡《かみおか》鉱山に行ったときだった。近くに合宿していて、二時間くらい街道筋を歩いているうちに、この町まで出てしまった。神岡の町は、まだ活気をもっていたが、その町外れの寺に、鉱山の犠牲者の慰霊碑が建てられていた。その碑には、太い文字で「亡者の墓」と刻まれていたのである。その意味を考えることが、その後の鉱山町行脚につながっている。

4　川の運命——谷崎潤一郎の神戸

生田川の付け替え工事

神戸の布引《ぬのびき》の滝は、美しい名所として知られると同時に、六甲《ろっこう》の山中を通ってきた名水の溢《あふ》れ出るところでもあった。自然の美を感じさせる名所をもつことは、よい町が生まれるための条件であろう。けれども、もともと神戸は新しい町である。幕末の開港地として開発され、それ以後人が住む大都会に発展していったところだ。

町がつくられてゆく過程では、さまざまな工事が行なわれた。それは居留地の形成にはじまり、その周囲に町を拡げてゆく仕事だった。それまでの自然を改造して都市をつくるのは、文明開化の大きな偉業だった。

布引の滝から流れ出る川を整備しようとする計画も、その一環として起きた。この川の名前は生田川《いくた》である。生田川は、布引の滝の上流の山田村から流れ出て、滝を下った後に瀬戸内海に注ぐのだが、幕末には他の多くの河川と同様、この川の水源も荒廃していたため、大雨が降るたびに洪水を引き起こす暴れ川だった。神戸に居留地をつくるとき、この生田川をどうするかが問題になった。何故なら生田川は居留地の東側を流れて海に注ぐので、この川が荒れれば、ただちに居留地に影響が出るからである。

居留地建設のときにすぐさま堤防の整備が考えられたが、それに要する工費は当時の金で十数万両にのぼると算定され、しかもそれでも完璧《かんぺき》とはいえないという予想だった。そこで明治三年に、当時の外務大輔《たいふ》であった寺島陶蔵《てらしまとうぞう》がわざわざ実地に出かけて調査をした。居留地に関係する事業だから、外交問題のひとつだったのである。その結果、これは川を付け替えるほうが手っ取り早いという結論に達した。河口をさらに東の方にずらして、川全体を直線的に海に向かって流そうというのである。

工事は翌年の三月一〇日に起工され、その年の六月九日に竣工している。わずかちょうど三ヵ月の工事だった。直線的に水路を海に向かって開削し、そこに水を通すのだから、それほどの難工事でもなかったらしい。

放水路として建設された新しい川は、新生田川と名付けられた。この川の水路の幅は一〇間（約一八メートル）、深さは二間五尺（約五メートル）、両脇に高さ一間一尺（約二メートル）の堤防が築かれていた。この工事総額は三万六七二両だったという。最初の計画に比べれば、よほど安く済んだ。

　こうした河川の付け替えは、生田川だけでなく神戸の西の方でも行なわれた。そのひとつは、船が神戸の和田岬《わだのみさき》を迂回《うかい》せずに港に入れるようにするための運河の計画であったが、工費の捻出《ねんしゅつ》ができず、工事計画はなかなかまとまらなかった。けれどもようやく明治七年七月一一日に着工にこぎつけ、二年の工期を経て、明治九年五月一日に竣工した。この工事は運河の開削と同時にその近くの土地を市街地として開発するもので、三万坪強の土地が開発された。

　また、さらには湊川《みなとがわ》の付け替え工事という大工事も行なわれた。この湊川も洪水を引き起こすことで有名な川だった。その原因は、神戸の河川が急な流れとなって海に注ぐ間に大量の土砂を流すため、川底が砂で埋まり徐々に高くなって、いわゆる天井川になってしまうためだった。明治初年の湊川の川底は、地表面より六メートル近く高くなっていたという。これでは水が溢れれば必ず大洪水になる。

したがって湊川も川底の浚渫《しゅんせつ》や堤防のかさ上げを繰り返すよりも、付け替え工事を行なうべきだという意見が多かった。けれどもこれもまた大工事なので、容易に着手には至らなかった。

　この工事が実現に向かって進みだすきっかけとなったのは明治二九年九月の大洪水だっ

た。これによって湊川改修の気運が漸《ようや》く高まり、翌年の一一月に起工式を挙げて、明治三四年八月に竣工を迎えることができた。こうして生まれた新湊川は、天王川と石井川の合流地点からはじまり、会下山《えげやま》をトンネルで抜け、長田《ながた》村で苅藻川《かるもがわ》と合流して南に下って海に注ぐというコースを取った。

このように神戸の各地では、河川の改修によって都市の基盤を整備しながら町づくりが進められていったのだった。

新神戸駅から三ノ宮に至る町

こうした一連の工事のなかで、一番最初に整備が行なわれた生田川の付け替え工事が、町の変貌《へんぼう》にとってはもっとも大きな影響を与えた。この川のもとの河川敷が、神戸の町の新しい市街地として育ってゆくからである。もとの河川敷の面積はおよそ六万三〇〇〇坪あまり、その中央に道路が設けられ、ここが後の神戸区と葺合《ふきあい》区の区境となり、神戸区側は加納町《かのうちょう》、葺合区側は布引町《ぬのびきちょう》となる。

これだけでは解かりにくいかもしれないが、ここは現在の新幹線の新神戸駅からJRや阪急の三《さん》ノ宮《みや》駅にいたる道路とその両側の地域だといえば、場所のイメージが湧くことであろう。この地域は、いまの神戸では新しい南北の軸線となっている。ここがもとは生田

加納町、布引町

川の河原だったとは、とても想像できない。滄桑《そうそう》の変とはまさにこのことである。

この未来の一等地のうち、四万一七〇〇坪余りは、五五一八両で神戸の加納宗七《かのうそうしち》と和歌山の有本明に払い下げられた。かれらは土地の区画を整理し、中央に道路を設けた。こうして河原が変じて新しい町が誕生したのである。加納町の名は、この加納宗七の名前に由来している。

こうして整備された加納町と布引町の土地のうち、前記二名に払い下げられた土地以外に、南の方に約二万坪の土地が残っていた。その半分強は税関の用地として使われ、残りは兵庫県下の士族たちに払い下げられたという。禄《ろく》を離れて路頭に迷わんばかりだった士族に、授産の道を与えるためであった。士族への払い下げの総額は約一二〇〇円であったという。

一方、加納宗七と有本明に払い下げられた土地はまとまって三井銀行の所有する土地となっていった。その経緯は解からないのだが、ごく早い時期から、この新しい町の土地はまとめて三井の手に渡っていったのであろう。こうした土地の集積は、明治初年には東京などで多く見られた現象だった。加納と有本の両名は、土地の整備が一段落したところで、開発者としての利益を含んだ手数料を込めた価格で、この土地を三井銀行に売り渡したのであろう。開発業者である加納と有本と、土地経営者である三井銀行との間で、思惑が一致したためである。

三井銀行の所有地は整然とまとまっており、整備された土地を直接まとめて入手したに違いない。だが、その取得経緯の詳細は不明である。

この土地は、やがて大正八年になって、三井銀行から三井合名に売却される。三井合名は三井財閥の持ち株会社であり、中枢をなす組織である。土地経営を三井の中枢組織で行なうための所有権の移転であろう。

その時の書類には、この土地が加納町一丁目から四丁目までと布引町一丁目から四丁目までの、合計五三筆の土地で、面積総計四万一二三〇坪四合二勺であると記載されている。

つまりこの面積を見ると、加納宗七と有本明に払い下げられた土地がそっくり三井銀行に

三井合名の分譲地（中央の黒い部分）

渡り、それがここで三井合名に移ったことが知られるのである。

この土地には三三棟の建物が建っており、それらの資産も含めた価格は二〇九万六六五九円五〇銭だった。ここでは、この土地を貸し出す貸地経営が主として行なわれることになる。建っていた建物については、貸家経営も行なわれることになった。

貸地経営と貸家経営

大きな土地をもつ所有者には、特有の土地経営のパターンがある。

かれらは大体において貸地経営を行なうのである。つまり地主さんになるのである。もう少し小規模な土地所有者だと、貸家を建てて大家さんになる。こうした土地経営のパターンは大体決まっている。

何故そうなるのか。

土地を貸すより、そこに建物を建てて、それを貸す貸家経営の方が、単なる貸地経営よりもずっと儲《もう》かる。地代などを取ってもたかが知れたものだったし、一方で借家普請などという言葉があるように、借家の建設費はそれほど大きなものではない。投下資本に対する利回りを比べれば、貸地経営より貸家経営の方が断然有利なはずである。それなのに大規模な土地所有者が貸地経営を行なうのは、安全を見込むからだった。

貸家経営をしていて、店子《たなこ》に夜逃げされたら、家賃の丸損である。目の届く規模の貸家の数であれば、店子の動静も把握できるけれど、大規模な貸家群になってしまうと、個々の店子の経済状態などを十分に把握することはできなくなる。そこで夜逃げでも続出すればお手上げである。また、貸家をもっていると、家の維持や修理は大家の責任になる。膨大な数の貸家のひとつひとつについて、あれこれ修理・修繕に関わるとなれば、これまた大変である。

それに比べれば、貸地経営はずっと楽である。借地人が夜逃げをしても、彼らが建てて住んでいた家は残るからそれを差し押さえればよい。また、土地は家と違って雨漏りしたり壊れたりしない、つまり貸家のように維持や修理・修繕に気をつかわなくて済む。

大規模な土地をもつ場合には、目先の利回りの有利さよりも、維持管理の容易さと、経営の安全性と安定性が重要になってくるのである。こうして、大規模土地所有者の場合には貸地経営が行なわれ、それ以下の規模の土地所有者の場合には貸家経営が行なわれるという、明快なふたつの土地経営パターンが生まれるのである。

不動産、特に土地が財産として重視されるのは、それらの維持管理が最小の手数で済むからである。土地は腐ったり燃えたりしないし、盗まれることもまずない。極端な場合、土地は放置しておいても減ったり無くなったりしないだけでなく、価値が上昇してゆく可能性があるのである。事実、戦後経済の高度成長期には、土地の価格は驚くほどの勢いで上昇した。そこには所有者の努力はほとんど必要なかったのである。黙っていても持ってさえいれば土地は値上がりする。土地を買って、その土地を抵当にして金を借り、さらに土地を買えば、資産は雪ダルマ式に増えてゆく。持てるものと持たざるものの差は、出発点の僅《わず》かな違いによって生まれる。その出発点こそ、「土地」だ。

土地神話とよばれるものがこうして形成されていったのだった。土地は手がかからず、安全で確実な財産であるという信仰に、価格上昇の魔力が加わったところに土地神話が生まれ、それが全国に及んだときにバブル経済の波が起きた。だが、こうして過熱した土地投資が、国土をどれほど荒廃させたか、われわれは今も身にしみて感じている。

けれども本来の土地のすがたは、安全確実な資産であり、安定した生活の基盤なのである。貸地経営という土地運用は、本来そうした健全な土地の存在を前提とするものなのだ。戦前においては、大規模な土地所有者は貸地経営を行ない、小規模な土地所有者は貸家経営を行なうという二極構造は、安定した土地経営の構造だったのである。現代ではコンピューターによる管理が可能になったから、多数の貸家を一括して管理するのも容易になったが、戦前には所有する土地の規模に従った二極構造が、極めて明快に平和共在していた。

三井銀行から三井合名に所有が移っても、神戸の加納町と布引町の土地は、定石どおり、基本的に貸地経営によって運用されていたのである。

しかしながらこの土地の歴史はその後大きく変わる。それは思いもかけない天災が引き起こしたものであった。昭和一三年七月五日、神戸は大水害に襲われるのである。

阪神大水害

阪神大水害とよばれることになるこの災害は、水害と山津波の両方を引き起こした。戦前の神戸を襲った最大の天災である。

阪神大水害のすがたは、谷崎潤一郎《たにざきじゅんいちろう》の名作『細雪』のなかに描かれて、われわれのなかに定着している。『細雪』のひとつのクライマックスといわれるこの水害こそ、戦前の阪神の都市、文化、社会にとって、大きな転換点だった。

谷崎はこの水害をこう描写している。『細雪』の主人公一家の女中さんであるお春どんは、非常事態を告げるサイレンが聞こえたので屋敷の外に出て、芦屋川《あしやがわ》の方に向かって進んでみる。

「と、水は直ぐ此の家の一つ東の辻《つじ》まで来てゐて、山手から海の方へ、——北から南へ、滔々《とうとう》たる勢で流れてゐる。彼女は試みにその水の中を東へ向つて進みかけたが、最初は脛《すね》を没する程度であつたのが、二三歩行くと膝《ひざ》まで漬かつてしまひ、危く足を浚《さら》はれさうになつたと思つたら、人家の屋根の上から、こらッと怒鳴る者があつた。こらッ、此の水の中を何処へ行く、女の癖に無茶なことすなと、えらい剣幕で怒鳴られたので、誰かと思つて見たら、自警団員らしい服装はしてゐるけれども顔見知りの八百常の若主人であつた。何やねん、あんた八百常さんかいなと云ふと、向うも気が付いて、お春どん、あんた何処へ行かはるねん、此の水の中を気でも違うたんか、これから先は男でも行かれへん、川の近くは家が潰《つぶ》れたり人が死んだりしてえらいこつちやがなと云ふ。だん〳〵聞いてみると、芦屋川や高座川《こうざがわ》の上流の方で山崩れがあつたらしく、阪急線路の北側の橋のところに押し流されて来た家や、土砂や、岩石や、樹木が、後から〳〵と山のやうに積み重なつてしまつたので、流れが其処《そこ》で堰《せき》き止められて、川の両岸に氾濫《はんらん》したゝめに、堤防の下の道路は濁流が渦を巻いてゐて、場所に依《よ》つては一丈ぐらゐの深さに達し、二階から救ひを求めてゐる家も沢山あると云ふ」

そこで心配になった主人公の貞之助《ていのすけ》は、娘の悦子《えつこ》を迎えに小学校まで水のなかをかき分けて出かけ、お春どんも一緒に付いていきてくれて、ふたりしてようやく娘を連れて帰るのである。

その間にも水嵩《みずかさ》は増し、「国道以南は甲南市場も、ゴルフ場も無くなつて、直ちに海につながつてゐること、人畜の死傷、家屋の倒壊流失が夥《おびただ》しいこと、等々がぼんやりと分かつて」くる。しかし貞之助は関東大震災のときに東京に居合わせていたので、こういうときの風説がどれほど針小棒大になりがちなものかを説いて、家族を安心させる。

生田川の復活

しかし実際にも、この阪神大水害は阪神間に未曾有《みぞう》の被害をもたらしたのだった。芦屋川や住吉川《すみよしがわ》の近くでは、多くの邸宅が被害に遭い、家や庭園が数多く失われた。庭園に据えられていた大きな庭石が洪水によって流失し、被害を大きくしたともいわれる。水の力は大石も動かしてしまうのである。これは濁流が石を押し流すというより、水が石の根元を掘り崩し、そのために石が転げ落ちるように前に動き、それが繰り返されることによって思いもかけぬところまで巨石を移動させてしまうためであった。

また芦屋川では、上流の業平橋《なりひらばし》に六甲山から転がり出してきた石が堰《せき》のようにつかえてしまい、ダムに貯められた水が溢れるように両岸に洪水をもたらした。これは『細雪』に描かれたとおりである。谷崎潤一郎はこの部分の描写を、自分の娘が通学していた甲南小学校の生徒の作文や先生方からの体験談をもとにして行なったといわれる。しかし自分でも水害の翌日、付近を歩き回って芦屋川の上流の岩石の堆積を実見しているという。それが、この典雅な物語のなかに、迫力のある情景を導き入れるちからとなったのである。

昭和13年の阪神大水害

一方このとき三《さん》ノ宮《みや》のあたりでは、明治のはじめに河川の付け替えを行なった生田川が、六十余年を経て、ふたたびもとの川筋に戻ってしまっていた。布引の滝から三ノ宮駅にいたる道路とその両側の町は、洪水によって本来の川筋をよみがえらせた生田川によって、もとの川底にされてしまったのである。

この地域一帯の地主であった三井合名不動産課の書類は、そのときのこの土地の有様を「七月五日ノ水禍ニヨリ……荒地ト成リ果テタル地域」と形容している。

土地はもっとも安定した資産であり、その維持や管理が楽なことがそのメリットだったはずである。けれども未曾有の災害を機にして、土地はもとのすがたを忽然《こつぜん》としてよみがえらせてしまった。「荒地ト成リ果テタル地域」という表現に、茫然《ぼうぜん》とした所有者の感慨が見て取れる。人工の河川は、大きな災害の前には無力であった。ひとびとが土地の歴史を忘れたころになって、ふたたび土地はその歴史をおもてに現わした。

この「荒地」を前にして、まず行なわれたのは、「地租免租」すなわち固定資産税の免除の申請であった。土地がそれほどの被害を受けたということである。土地資産が安定したものとは限らないことを示す事態に直面して、三井合名不動産課は真剣に加納町と布引町の土地について検討を行なったようである。そして水害から一年半ほど経った昭和一五年三月一四日、この土地の売却を社長に申し出る。三月二〇日にそれは認可され、ここに約三万四六〇〇坪の土地が売却されることになった。

売却の方針は、これまで土地を借りていた人などに対して優先して売却するというものであった。現在の借地人には予定価格の一割引、家屋所有者には五分引、そして借地人である人が自分の借りている土地に隣接する地所を取得したい場合にも五分引で売却しようという方針が立てられたのである。ただし借家人がその土地を買う場合には、優先的に買い取る交渉を行なえるものの、価格は一般の場合とおなじで割引は無い。

こうした方針に立って「加納町　布引町　地所売出御案内」というパンフレットが作成され、そこにはつぎのような前文が掲げられた。

「此度加納町、布引町各一丁目ヨリ四丁目ニ至ル当社所有ノ地所テ原則トシテ不取敢《とりあえず》借地人ノ方ニ、又其ノ御希望ノナイ場合ニハ現在地所ノ関係者（家屋所有者、借家人）ニ一般ニ優先シテ御譲リスル事ニ致シマス。御希望ノ方ハ左記要項ヲ御熟読ノ上御申込下サイ」

これにつづいて先に見たような具体的な条件が示され、さらに現状の地権者のリストが土地価格付きの表と地図になって添えられていた。しかしながらその地図のなかには「土砂堆積ノマ、神戸市へ売却」などと記されている区画もあって、災害から完全に復旧しないまま、これらの地域が売りに出されたことを窺《うかが》わせる。

それぞれの地所の価格は「値段ハ後掲ノ表ノ通リ単価ヲ確定シテアリマス」と書かれている。それによると平均の坪単価はおおよそ一〇〇円強といったところであるが、最高二八〇円、最低では三〇円となっている。これは場所によるのであろう。売り出し価格の総額は約三七一万円弱であり、すべてが一〇パーセント引の価格で売却された場合には総額は三三一万円弱となると計算されている。

大正八年に三井銀行から買い入れたときの価格が二二〇万円弱であり、そのときに比べると、売り出しの地所全体の面積は五〇〇〇坪ほど減っていて、それが上記の価格で売却されたのであるから、これは不動産経営としてはまあまあの事業だったということになるのであろうか。

土地の歴史の再現

現在、布引の滝の下に山陽新幹線の新神戸駅が設けられ、加納町と布引町の場所一帯は、新神戸から三ノ宮に向かう幹線道路沿いの地域となった。三井がここを所有しつづけていたなら、その資産価値は現在どれくらいになるのであろうか。けれどもこうした計算をするのはあまり意味がない。町は変化をつづけ、場所の意味は徐々に変わってゆくものだから。

われわれにとってむしろ記憶に新しいのは、先年の阪神淡路大震災による神戸の被害である。このときにもまた、多くの土地が「荒地ト成リ果テタル地域」というすがたになった。それは、水害とは異なったかたちではあるけれど、やはりある種の土地の歴史の再現なのであろう。土地は安定した資産であることをやめ、遠い記憶の時代の面影をあらわにした。ひとびとは驚き戸惑い、やがて気をとりなおして、また新たな歴史を築きはじめる。

人間の歴史は、土地の上に刻まれた営みの蓄積なのだ。そこが「荒地ト成リ果テタル地域」となろうとも、ひとは土地を離れては生きてゆけない。ひとびとは土地の上にふたたび自らの場所をつくりはじめる。

「場所」とは、文化が蓄積される形式そのものなのだ。これからも、われわれは土地の上に場所をつくり、営みをつづけてゆくことであろう。その営みを豊かなものにし、それを未来に引き継いでゆくことが、文化の蓄積なのだ。

日本一寒い町に来た男

北海道の陸別《りくべつ》という町は、「日本で一番寒い町」というキャッチフレーズで知られる。ここでは「しばれフェスティバル」という、寒さを洒落《しゃれ》のめしたような町おこし行事をしている。場所は北海道の真ん真ん中だ。内陸性気候のもたらす寒さである。

わずか一泊であったけれど、真冬の陸別を体験したことがある。氷点下一〇度を超える寒さが歓迎してくれたが、あまり長時間にわたって屋外を歩き回ることもなかったので、膝《ひざ》が痛くなるような寒さを感じるまでにはならなかった。それでも空気がばりばりと張りつめるような、真剣な寒さである。もっとも、建物のなかは寒さしらずだ。外側で断熱する工法がふえ、気密性能も向上しているし、町の主要産業である林業を振興するために開発したという木製の二重ガラスのサッシが用いられたりしているからだ。

けれども、かつてはこの土地の寒さが、ダイレクトにひとびとの生活を襲っていたのだろう。その思いを強くしたのは、最初に本州から渡ってこの町に入植した人物が、関寛斎《せきかんさい》という医師だったことを知ったときである。

関寛斎は文政一三年（一八三〇）、房総《ぼうそう》の九十九里浜《くじゅうくりはま》は東金《とうがね》に生まれ、佐倉の順天堂で蘭学系の医学を学び、幕末の新知識のひとりとして仕事をした。銚子《ちょうし》、長崎と移ったあと、最後（ではなかったのだが）に、四国の徳島に落ち着いた。けれども最晩年にちかい明治三五年、七三歳のときにこの陸別にやってくるのである。四男の関又一が札幌農学校を卒業して、この土地を開拓すべく陸別に向かったからであった。

しかし関寛斎は息子についてきたというより、息子の入植方針を立て、自ら開拓の中心としてここに乗り込んできたのである。

明治三五年には、すでに札幌近辺はさまざまな農場がつくられており、日本で一番寒い町にまで足をのばさなければ新農場を開けなかったのである。これが陸別の町のはじまりとなった。

私は伝記を読むのが好きで、古本屋でときおり明治から昭和初期にかけての人物伝を買う。有名なひとの伝記を買うこともあるが、大体は中くらいの有名度とか、全然知らないひとの伝記の方が多い。

当然、下心はあって、建築道楽をした人物とか、明治期の産業や工学に関係ある人物の伝記など、自分の専門である建築史学に多少なりとも関係のあるものが多くなるが、まったく関係なく手にする本も多い。けれどもそうした本を集めていると、ある本のなかで脇役だった人物が、別の本では主役として登場してきたりして、結構おもしろいのである。

こうして段々深みに嵌《は》まってゆく。

関寛斎も、伝記で読んだ人物だった。しかし彼の場合は古本屋で出会ったのではなく、比較的最近の研究書でだった。けれども陸別に行ってみるまで、まるっきりそんなことは忘れていた。こうしたあたりがじつにいい加減なところで、別に趣味だから構わないのだけれど、私は読んだ本をどんどん忘れてしまう。「宵越しの情報はもたない」というくちだ。

陸別に出かけたのは建築関係の仕事のためで、受け身の出張だったから、それ以外のことは忘れていたのである。それが、陸別に行ってみて、関寛斎という名前を目にして、背中をどやされたような気がした。「ここだったのか」という感慨である。

なにしろ東京から帯広《おびひろ》に飛んで、そこから網走《あばしり》の方に向かって北海道の真ん中を突っ切ってゆく途中の、内陸も内陸、北海道の中央といった位置にある町なのだ。一〇〇年近くもむかし、老軀《ろうく》をひっさげてこの土地にやってきた人物に改めて大きな興味がわいた。彼がここにやってきた頃には、無論帯広からの鉄道も開通していなかった。

幸い陸別の駅舎に付属して、この町の開拓者である関寛斎の資料館が設けられていて、彼の生涯と陸別の町の夜明けを知ることができた。

彼にとって、北海道の開拓は魅力に満ちた仕事だったようである。辺地の医療サービスという使命感もあったであろう。けれども、四国の徳島から移り住んでしばらくして詠んだ歌には、微妙な心のひだが感じられる。

世の中をわたりくらべて今ぞ知る

阿波の鳴門は波風ぞなき

彼は苛酷《かこく》な気候のなかで新しい町を開いてゆくことに、トルストイ的な理想を燃やしたといわれる。そしてそれが縁になって、徳冨蘆花《とくとみろか》との交友がはじまる。蘆花は彼のことを『みゝずのたはこと』のなかで、つぎのように描写している。

「明治四十一年四月二日の昼過ぎ、妙な爺さんが訪ねて来た。北海道の山中に牛馬を飼つて居る関と云ふ爺《ぢぢい》と名のる。鼠の眼の様に小さな可愛い眼をして、十四、五の少年の様に紅味ばしつた顔をして居る」

この交友の結果、明治四三年秋に、徳冨蘆花は家族とともにはるばる陸別に関寛斎を訪れる。帯広から陸別にいたる鉄道開通から三日目のことだった。

新しい町をつくり、理想の農地を開いてゆくことは、場所を育てることである。彼はもとからこの地方に住むアイヌのひとびととの協調、北海道の監獄で刑期を終えたひとびとの入植などを考えたという。無から有を生じさせるのではなく、あるものを生かすことが彼の理想だった。

寒さは、彼の理想にふさわしい環境だったのかもしれない。関父子の開拓の情熱に基礎を与えた札幌農学校の教師たちも、ニューイングランドから北海道の地にやってきたのだったし、そのまた祖先たちはピルグリム・ファーザーズとして、ヨーロッパ大陸から北米の酷寒の地に移ってきたのだった。

むかし農学校の教師たちの母校であるアムハーストの辺りをドライヴしたことがある。どうやって暮らしているのだろうと思うほど、ポツン、ポツンと離れて建つ農家や住宅が目についた。肩を寄せ合って家族が協力しなければ、寒さと厳しい自然のなかでたちまちひとびとはおし潰《つぶ》されてしまうのではないかと感じた。

陸別の関寛斎は、大正元年一〇月一五日まで生きて、歿《ぼっ》した。晩年の一〇年間を陸別の誕生に捧《ささ》げたことになる。

しかし、彼の最期は自殺だった。医師だった彼は、毒をあおいで死んだのである。そこには開拓地をめぐる家庭内のいざこざもあったようであるが、真相は解からない。

寒さのなかで純化される理想と、現実の軋轢《あつれき》とが、彼に死を選ばせたのであろう。開拓者は自らの死を選んだが、町は現在も新しい息吹に満ちていた。

5 新興住宅地のミッシング・リンク――根津嘉一郎の常盤台

郊外住宅地の誕生

土地の物語にとって、不幸のはじまりは近代である。近代の成立こそ、土地から個性を奪ったもっとも大きなできごとだったからである。

近代のはじまりをどこに置くかは議論を呼ぶところで、それをある人は一八世紀末のフランス大革命に、またある人は産業革命に、さらにまたある人は啓蒙《けいもう》主義の展開や、一八世紀半ばの、建築における新古典主義思想に置く。しかし一般的に考えるときには、産業革命がもたらした社会と生活の変化のもつ意味が大きい。

産業革命によって生産が工場制に移行した結果、生産の場と生活の場の分離が生じた。「生産は工場で、生活は住宅で」という図式がここに生じたのである。住宅は一戸建ての独立専用住居が主流となる。

一戸建て専用住居は建築の原型であって、これこそわれわれの生活の原型を古代以来育《はぐく》んできたものではないかと考える人がいるが、これは誤っている。住居が生活の原型を育むものであるという点は正しいが、もともとの住居には、そのなかで生産に関係する行為が営まれているものだった。農民や漁民は住居のなかに生業《なりわい》に関係する道具や作業を持ち込んでいたし、商人は店舗が住居と分かちがたく結び付いた生活を送っていたし、職人は住居のなかに工房をもつ例が多かった。つまり、生活の場は生産と居住が結び付いたものだったのである。

一戸建て専用住居は、生活と生産が分離した近代の産物なのである。近代になってもたらされたこのような生活形態を「職住分離」という。職住が分離したところに近代の都市のあり方が生まれ、生活のパターンが生じたのである。朝起きて顔を洗って、ご飯を食べて仕事に出かけるというパターンこそ、職住分離した近代生活なのである。われわれはこれを人間の普遍的な生活パターンと思いがちであるけれど、それが近代特有のものであることは、「おじいさんは山へ柴《しば》刈りに、おばあさんは川へ洗濯に」という昔話の生活と比べてみれば、その違いは一目瞭然《りょうぜん》である。

では、近代の生活パターンが生み出した都市的な要素は何だろうか。それに対してもさまざまな答えが用意できるだろうが、郊外住宅地の成立は無視できない要素である。郊外住宅地は、独立専用住居が建ち並ぶ地域のことである。「職住」が分離した世界のなかで、もっぱら「住」の部分を特化して担う場所が郊外住宅地だった。

ひとびとはそこで「生活」を行ない、「生産」は通勤する先の勤務地（それは工場であったり、オフィスであったり、商業施設であったりする）で行なうのである。郊外住宅地の成立こそ、近代の証《あかし》だといってもよいのである。

鉄道会社の住宅地開発

日本で郊外住宅地が成立するのはいつ頃のことなのか。これまた、さまざまな答えが用意できよう。明治五年に東京の銀座で火事があって、その復興計画として銀座煉瓦街なるものがつくられたことは、都市計画史上有名である。

この工事がいまの銀座の街を生み出し、それが戦後になってからは全国に無数の銀座商店街を派生させるのだけれど、この計画は本来は商店街計画ではなく、住居も備えた都心の建設計画であった。それが商店街として成功してしまうのは、裏返せば住宅建設の失敗ということなのである。けれども計画上はこの銀座煉瓦街こそ近代の（郊外とは言い難いけれど）住宅地建設の嚆矢《こうし》だといってよいのである。だから、近代のはじまりは近代的住宅の建設と結び付いているのだ。

本来の郊外型の住宅地建設は、それではどこからはじまるのか。郊外の定義にもよるのだろうが、有名なのは鉄道会社による沿線開発である。実際には都市の地主たちが自己の所有地を住宅地開発する事例の方が先行しているのだが、やはり住宅地を都心から遠くまで押し広げるうえでは、鉄道会社による住宅地開発の影響がもっとも大きかった。なにしろ鉄道会社はひとびとを遠くまで運ぶのが仕事なのだから。

鉄道会社のなかでは、小林一三《こばやしいちぞう》の率いるいまの阪急電鉄が住宅地開発で大きな足跡を残したとされる。明治年間から、阪神間には多くの住宅地が開発されてきた。いまもなお、芦屋、住吉、御影《みかげ》などといった地名は、高級住宅地の代名詞のように囁《ささや》かれる。関東では、渋沢栄一などが関与してはじめられた多摩川の田園調布が有名である。こちらも「田園調布に家が建つ」というフレーズを生むくらいに、ブランド化した住宅地となった。

こうした郊外住宅地の開発は現在もつづいているが、戦前の住宅地開発の質の高さは戦後になってもなかなか凌駕《りょうが》できなかった。なぜなら、戦前の住宅地開発には、個人の名前で記憶されるような強烈な個性をもった経営者が存在していたからであろう。阪急の小林一三はその例であるし、東急の五島慶太《ごとうけいた》、箱根土地（西武鉄道）の堤康次郎《つつみやすじろう》などである。

そうしたなかで、東武鉄道を築きあげた根津嘉一郎《ねづかいちろう》も個性的な経営者であったといえるだろう。経営の芳しくないボロ会社を建て直すことで知られた彼は、東武鉄道には明治三八年から関与しはじめた。無配の経営をつづけていたこの鉄道会社は、発起人であり社長であった末延道成が三菱の幹部であったこともあって、三菱から当座預金で一〇万円まで引き出せる約束を取付けて息をついているような有様だった。

根津はまず会社を自分が経営している市街鉄道会社のビルに移して家賃を節約するところからはじめ、徐々に経営を建て直していった。同時に鉄道を延長し、明治四〇年には利根《とね》川に鉄橋を架けて路線を北上させ、日光にまで達する一大路線を築き上げた。

日光は観光地として有名であり、その旅客は重要な収入源であったが、それだけでなくこの辺りから産する大谷石《おおやいし》を積み出したり、沿線の太田《おおた》の町にある中島飛行機を積極的に応援したりして、沿線の産業を助けた。こうした沿線開発は根津の大きな功績だといわれる。

一方、東武鉄道の経営になる鉄道に、東上鉄道会社というのがあった。これは明治の末年に発起されて工事を開始し、大正三年に開通した路線で、池袋《いけぶくろ》から秩父《ちちぶ》の方に向かって運行していた。これは大正九年に東武に合併され東武東上線となった。この沿線は秩父地方の石灰岩を原料とするセメントを運搬したりしたが、途中に東松山《ひがしまつやま》という駅があり、その近くに箭弓稲荷《やきゅういなり》という神社があって、これが花柳界の信仰を集めていたので、それを観光資源にしたりしていた。彼は自分で観光用のポスターのデザインにまで注文をつけたという。

しかしそれだけではあまりに寂しい沿線開発だと考えたのか、昭和一〇年になって、沿線の住宅地開発に着手する。この年、それまであった上板橋《かみいたばし》と、夏期にのみ開いていた中《なか》板橋《いたばし》という駅の中間に、武蔵常盤《むさしときわ》［現・ときわ台］という名の新駅を開業し、その駅前に住宅地を開発しはじめたのである。中板橋の駅の付近には、石神井川の流れにそって、プールを備えた遊泉園という行楽施設があって、これが夏期にはひとを集めていたのである。東京近郊の行楽地といった距離に、この住宅地は開発されたことになる。翌年には住宅地五四〇区画、商店五五区画からなる開発地が分譲されはじめた。

内務省の計画案

全国的にみるならば、戦前の鉄道沿線の住宅地開発としては最後の部類に属するこの住宅地は、「住み易い、環境の好《よ》い東武直営常盤台住宅地」とか、「東武鉄道直営　常盤台健康住宅地」などのキャッチフレーズで売り出された。この開発は、東武鉄道にとっては最初の沿線住宅地開発事業であったが、昭和一五年初頭には亡くなってしまう根津にとっては、最晩年の事業となった。

住宅地を開発するにはさまざまな手法があるが、ここでは沿線の土地を鉄道会社が取得して、そのうえで、自分一人のものとなったその土地に区画整理を行なって住宅地にするという方法がとられた。自分一人の土地にしてから自分で行なう区画整理であるから、こういうのを一人施行《いちにんせこう》の区画整理事業という。因《ちな》みに大勢の地主たちがそれぞれの土地を相談しながら区画整理してゆく場合には、ふつう区画整理組合というのをつくって行なうので、その場合は組合施行の区画整理事業というのである。

東武鉄道では、いよいよ区画整理事業をはじめたが、そこで当時の監督官庁である内務省にお伺いを立てた。こんな感じの区画でどうでしょうかという打診である。それに対して、内務省の側は、「こういうのは、どうかね」とでもいうべき案を示した。

新駅はもとからあった天祖神社の近くに設けられることになっているのだが、そこを通る二本の道をすこし修整して、駅からV字型に広がって延びる道にして、その真ん中にもう一本道を通し、駅前から放射状の道路が広がるようにする。この中央の道路は駅から二〇〇メートルほど離れたところを通っている古くからの富士見街道にぶつかって止る。そして駅と富士見街道のあいだの部分に楕円《だえん》形の環状道路を巡らすのである。この環状道路は並木道になっていた。並木道といっても道の両側に並木が植えられるのではなく、道の真ん中に一列にプラタナスの木が並ぶのである。こういう曲線道路が街の骨格を形成するようになっていた。

鉄道駅を中心にした住宅地開発の先例には、有名な田園調布があった。そこでは駅を中心とする放射状の道路と、駅を中心とする同心円状の道路が整然と組み合わされていた。それに比べるとこの案は、もう少し経験主義的というか、有機的というか、いずれにしても変化に富んだ計画だった。

この内務省の案をつくったのは、まだ大学を出たての内務官僚だった小宮賢一という建築家だった。わたしは一度、晩年の彼に会ってこの都市計画が生まれる過程を聞き取りしたことがある。ホテルオークラのロビーで待ち合わせたところに現われた彼は、小柄な生き生きとした紳士だった。彼がいうには、

「あの計画がその通りに実現してしまうとは思わなかった。あとであれが出来上がったと聞いて、こちらがびっくりしたくらいだ」

つまり、あくまでも参考案として作成したのだというのだ。学校を出たての彼に、上司が「こういう計画があるから、君も演習問題のつもりで考えてみたまえ」という感じで与えられたテーマだというのである。そこで、その後、東武鉄道の古い幹部におなじ質問をしてみた。その幹部は、

「内務省からこれはどうだといわれれば、こうつくれという意味だと考えるのが当たり前でしょう」

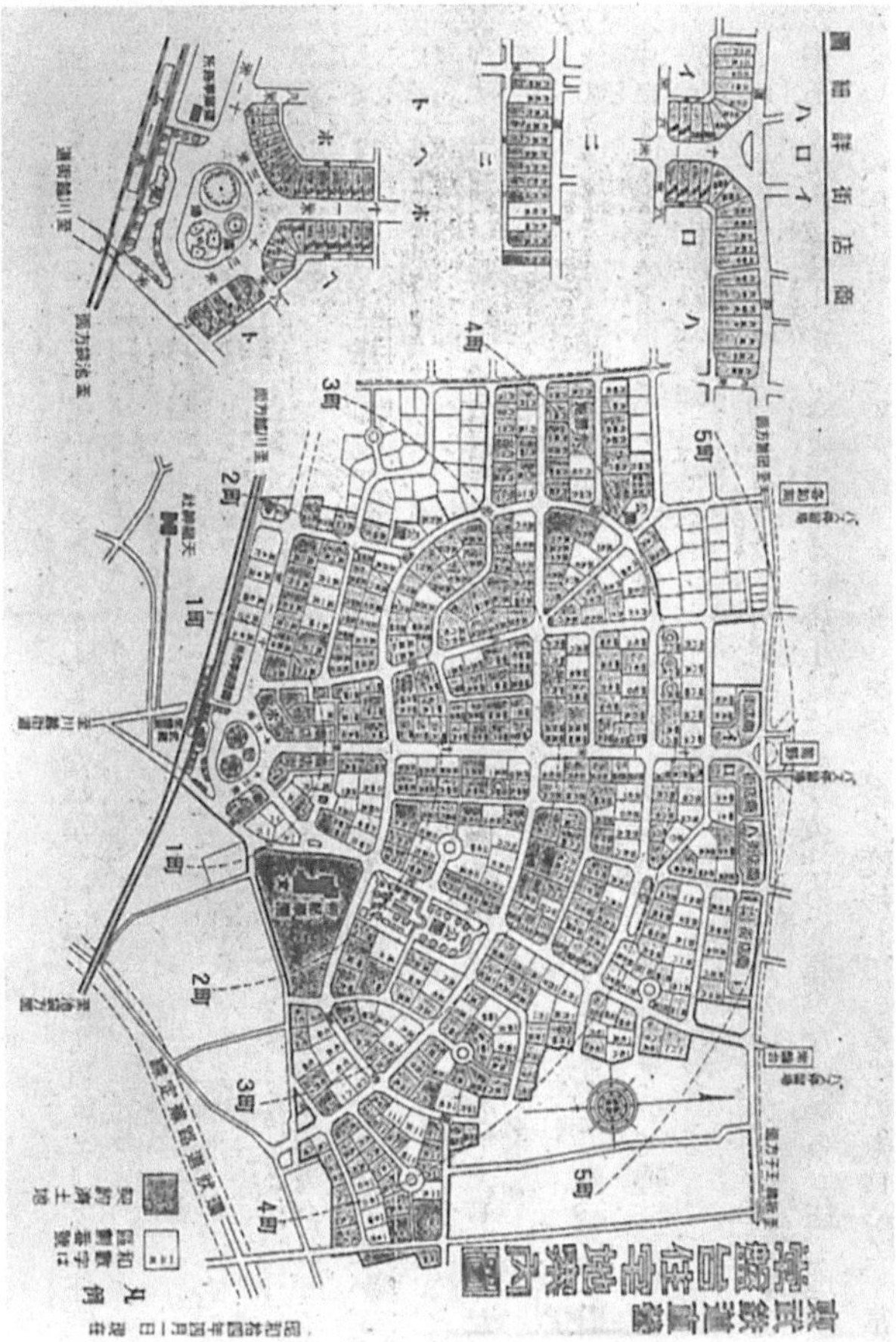

昭和 14 年の常盤台住宅地案内図

という。

両方とも、どこかで誤解があったのかもしれないが、結果としてはユニークな住宅地がここに生まれることとなった。

袋小路（クル・ド・サック）

常盤台住宅地は、駅前に広い広場を設け、放射状の道路と環状道路を組み合わせて構成されている。環状道路が両側ではなく中央に並木を植えていることは前に述べたが、小宮氏にその理由を聞くと、

「あれは道路の幅が足りなくて歩道をつくれなかったから、しょうがなしに真ん中だけ木を植えるという方法にしたのだ」

とのことだった。結構当意即妙のデザインだったらしい。けれどもこの道路は、道の真ん中に木が植わっているので、否応《いやおう》無しに片側一車線の道路になっていて違法駐車のしようがない。結果的にいまでも気持のよい散歩道になっているのである。

これ以外にこの住宅地のレイアウトの特徴をなすものに、クル・ド・サックというものがある。これは袋小路のことである。袋小路は通り抜けの交通がないから、住宅地の環境をよいものにできる。このクル・ド・サックが、多少変形しているものも含めて、常盤台

クル・ド・サック

並木

全体では五ヵ所設けられた。具体的にどうなっているかというと、表通りから引っ込んだ道が袋小路になって終わるのだが、その終端部に車回しのちいさなロータリーがそれぞれ設けられているのだ。ここは植え込みになっていて、現在では大きな木が育っている。

昭和の初年には、まだまだ自動車の台数は少なかったし、一般のひとが自家用車をもつなど、考えられなかった時代である。小宮氏は自動車の回転半径を調べて、ちゃんと自動車が回れるようなロータリーに設計したという。

けれど、この袋小路をつくったところで問題が起きた。もしこうした道路の入口のところで火事が起きたり、事故が発生したらどうなるかという問題である。文字どおり袋のネズミになってしまって、逃げられないではないかという心配である。

「できるだけ袋小路の奥行きを浅くして、それから袋小路の奥のところに、人ひとりが通れるだけの小さな路地をつくって、抜け道にしました」

これが小宮氏の解決策だった。

いまもそれぞれの袋小路の奥には細い路地があって、裏側の通りに抜けられるようになっている。幅はほんとうに狭くて、二メートルもない。無論自動車は入ってこられないし、オートバイも来ない。自転車だって降りて押してゆかないと危ない。しかもこの路地は袋小路の奥だけでなく、その路地が裏側の道に抜けたところから、また別の道に通じるように反対側のブロックにも設けられたりしていて、毛細血管のように何本かが走っている。これは主として東西方向に細かく街をつないでいる。

小宮氏にこの街の基本計画の考え方を聞いたときに、放射状の道路と環状の道路以外に、環状道路の中央部を東西に走る広めの道路を設けたが、それは地形の高低差を考えて、東西方向が下水や雨水の排水に便利だったためだと言っていたから、毛細血管のような路地が比較的東西方向に多いのも、下水管の敷設の便を考えてのことかもしれない。

かくしてクル・ド・サックと路地のネットワークは、街のなかの猫道のように、ひそかに道と道をつなぐものとなった。普通の道も曲線を描く設計が多く、環状道路だけでなく、S字型のカーブやL字型道路などがところどころに設けられている。道路は四つ角のところで敷地の角を落とす、いわゆる隅切りがなされ、角の見通しをよくすると同時に、日照、通風なども向上させている。

隅切りは、区画整理事業が行なわれるときにはしばしば用いられた手法で、道を歩いていて四つ角が隅切りされていれば、そこは区画整理事業がなされた地区だと考えてよい。

デザイン規制

ここに建てられる住宅は、健康住宅地にふさわしいものであるように、開発した東武鉄道がいちいちチェックした。いまでいうデザイン規制を行なったのである。住宅の設計に当たっては六〇〇分の一以上の配置図、一〇〇分の一以上の平面図、五〇分の一以上の矩《かな》計図《ばかりず》（建築の断面の詳細図）を用意させて、「警察関係の届出には弊社の建築同意書を添付いたします」という周到さである。さらに「建坪は敷地面積の一〇分の三以下」、「敷地の周囲は生垣にするように」とか、「敷地の北側は四尺五寸は空けるように」とか、「総二階にはしないで、二階は少し一階より小さくするように」など、なかなか細かい指示があったらしい。

そして住宅地内には「常盤台住宅展覧会」と称して、モデル住宅を何軒か建設した。当時のパンフレットによると、東武鉄道の建築掛の設計作をはじめ、大倉土木、藤田組、鹿島組、水谷組、間組、清水組、大林組などが住宅を建設している。間取りは当時の郊外住宅に多かった中廊下型に応接間を設けたものが目につく。

一〇〇坪程度の敷地に、平屋で三〇坪程の住宅が建てられ、分譲地の土地と家屋、それに門・塀・庭木込みで七〇〇〇円弱の価格というのが標準的だったようである。一五年のローンを組んで一〇〇〇円強を最初に払い、後は月々五〇円強の支払いをするという方式も提示されている。また、貸地の契約も可能であった。多少恵まれた階層のサラリーマン向け郊外住宅だったのであろう。

モデル住宅の一例

こうして発足した住宅地には、徐々に家も建ち、ひとも住みはじめた。この当時、電気は通じており、水道は地区に井戸を掘って、そこから地域内に供給した。

地域には公園が設けられ、それ以外にも道路ぞいにちいさな公園も設けられ、それ以外にテニスコートのある小グラウンドもつくられた。学校用地も用意されたし、町会の会館用地も設けられていた。さらには防火用水の池も二ヵ所設けられて、当時の防災施設としてはなかなかの水準を示した。ここにいわゆる、コミュニティ施設をもった郊外住宅地が出現したのである。

この住宅地に隣接した地所に、ここから近い志村《しむら》に七〇〇〇坪の工場を構える工場主も広い邸宅をつくった。彼は工場での生産に励むとともに、住宅地の分譲がはじまった昭和一二年五月に、常盤台の北隣の志村前《しむらまえ》野町《のちょう》に板橋第一栄養食堂なるものを建設した。これは志村一帯の工場の従業員のために、栄養に配慮した食事を提供するというものであった。一日延べ四五〇〇人分の食事を供給したという。三食二八銭で、一食三〇〇〇キロカロリーを維持した。この食堂を利用する工場は五〇に及んだという。

常盤台住宅地の北には、志村の工場地帯が広がっていたのである。ここは王子・赤羽の工業地帯の地つづきで、多くの工場がひしめいていた。板橋区北部は、一時期世界の双眼鏡の八割を生産するといわれたものである。日本の八割ではなく、世界の八割というところがすごい。そうした工場地帯のためのコミュニティ施設が、栄養食堂だったのだ。

サラリーマンのための郊外住宅地は、工業地帯と隣り合って彼らなりのユートピアを形成していたのだった。近代都市における場所の性格は、複雑なモザイクをなしてゆく。

閉じなかった環状道路

だが、この住宅地には大きな問題が残った。計画のうえで最大の特徴となっていた環状の並木道が、環状に出来なくなってしまったのである。並木道の輪は、閉じなかった。

環状道路は楕円形を描いて街のなかを巡っている。一周一キロメートルくらいの楕円だろうか。ところがこの環状道路は、東北の一画で途切れてしまうのである。三〇メートルくらい、この道路は途切れるのだ。道路の真ん中の並木も、そこで途切れる。道は急に細くなり、楕円形のカーヴでもなくなり、細い道がつづくだけになる。その道を進み、何度か角を曲がるうちに、急にまた真ん中に並木を植えた道路に出る。そこからはふたたび環状道路がはじまり、後はまた、もときたところまではゆるやかにつづいてゆくのである。

この原因は、無論、用地買収の失敗にあった。区画整理事業のために買収した地区が東北の隅の部分だけ、欠けてしまったのである。いまではその詳しい経緯は解からないが、おそらくは地主の一部が土地の買収に応じなかったのであろう。そうした地主を含めて、土地区画整理だけでも進められればよかったのだが、東武鉄道としては自社の所有地内だけで、一人施行の区画整理の道を突き進んだのである。これは社長の根津嘉一郎の気質の現われだというひともいる。自分の計画を妥協なく進めるのが一番で、面倒な区画整理組合など作りたくなかったのだと。

輪になることができずに、いまも残るこの環状道路の切れ目には、街をつくる難しさと、それゆえにこそ伝わってくる街づくりの夢とが、漂っているように思われる。それは現代の住宅地には継承されなかった夢だ。いまではこの住宅地も、第一世代の住民の死とともに、アパートと駐車場を設けて、土地を金に替える人ばかりが増えてしまった。けれども、ここには街づくりの失われた輪（ミッシング・リンク）が潜んでいるのではないかという気持になるのだ。

おわりに――なぜ「場所」なのか

階段をもたない日本の建築

記号論学者ウンベルト・エーコは、その建築論「機能とサイン――建築の記号学」という論文のなかで、「洞穴」と「階段」のふたつの要素から建築を考えはじめている。洞穴とは、人間を庇護《ひご》するシェルターとしての建築のはじまりを示すものであり、階段とは、人間に昇ったり降りたりの行動をうながすものとして、やはり建築のあり方を端的に示すものだからである。

たしかにこうした原型もしくは原理的なエレメントをその出発点に置くことは、建築が人間にとってどのような意味をもち、またどのような行動をうながすものなのかを普遍的に考えてゆくときには極めて役にたつ。そして、そうした出発点からつくられてゆく建築の分析は十分に普遍性を備えたものとなってゆくように見える。けれども、洞窟《どうくつ》に住むという伝統をほとんどもたず、また二階建て三階建ての建築を近世になるまでほとんどもたず、したがって階段を内に備えた建築をほとんどもたなかった日本の建築の伝統を思い浮かべると、U・エーコがその出発点に置いた建築の基本的な要素は、じつはとても西欧的な建築空間を現わしたものだと気がつく。

日本の古代の住居は、竪穴《たてあな》式住居に代表される平地式の住居であり、それ以降の建築も、基本的に平屋の、すなわち部屋が上下に積層しないタイプのものだった。無論、土地の高低差をたどるための段、高床式住居に昇るための梯子《はしご》や木階《ぼっかい》などはあったけれど、いわゆる屋内階段をもつ建物は極めて少なかった。ここでは、U・エーコのいう階段を、「上下に積層する人間のための空間をつなぐ建築的装置」と定義して、屋外の石段や木階とは別のものだと考えておきたい。

それでは、屋内階段をもたない建築の文化的伝統とは、どのような性格をもつものなのだろうか。それは平屋の建築のつらなる文化的伝統であり、建築が平面的に延び拡がってゆく文化的伝統である。わが国の建築伝統はまずはその平面性にある。日本建築の特質とは、いろいろ精神性にもとづく解説や、気候風土から説き起こす解説などとは離れて、まずもって即物的に「木造の平屋の建築をつくりつづけてきた伝統」にあるのだ。

こういうと「日本の建築にも高さを示すものはある」と反論する人もいるだろう。吉野《よしの》ケ里《がり》遺跡には高い物見のような建物があったと考えられているし、三内丸山《さんないまるやま》遺跡にも高い櫓《やぐら》ふうの構造物があった。こうした復元建造物を目にすると、日本にも高い建物はあったという結論になる。けれどもこうした構造物は櫓のようなもので、途中にそれぞれ床を張って部屋をつくるというような、複数階からなる建物ではない。そして何よりも重要なことはこうした伝統が根強く残るということがなかったという事実である。想像なのだが、縄文文化のなかには何か大陸的なものがあったのが、農耕を定着させた弥生文化のなかでそれは消えたのではないか。高さへの意志もそれとともに消えていったのではないかと思うのである。以後、日本の建築文化は平地に拡がる平面的な方向をとるようになる。

二階は異界

後にふたたび大陸からもたらされた仏教建築は、高い構造物をもっていた。五重塔などの仏塔がそれである。けれどそれらもまた人間が上に昇るための建築ではない。内部の各階に床の張られた五重塔はない。五重塔は五階の塔ではないのである。それらは人間が昇ることのないモニュメントであり、外から見上げられるためのものであった。神社仏閣の門も、二階をもつ楼門の場合でも、人が昇るための場所を備えることがその目的ではなく、いわんやそこに生活の場が存在するわけではない。芥川龍之介《あくたがわりゅうのすけ》の『羅生門』を読めば、楼門の二階がすでに異界だということが感じられる。

人間が二階やそれ以上の階に昇れる建築としては、金閣や銀閣などの楼閣建築や、城の天守閣などが思い浮かぶけれど、これらもきわめて特殊な建築で、日常的な生活の場を提供するものではない。とくに天守閣については、その成立の影響源として中国の多層の楼閣建築や、宣教師たちを通じて伝えられた西欧建築のイメージが指摘されるほどであり、むしろ日本の伝統的な建築にとっては異質な性格をもつものと考えられる。だからこそ、天守閣は印象的な建物として城下町に君臨した。

日常生活のために二階座敷などが生まれてくるのは近世以降のことであり、そうした時代になっても建築は依然として平屋が圧倒的な主流を形成していた。だいいち、二階座敷の代表は遊廓《ゆうかく》などの遊興施設だったのだから、これもまた非日常的な世界である。ふだんの建物は地面の上に平面的に展開し、その平面的展開の延長線上に都市もまた形成されてゆくのである。

屋根の建築

日本の建物の印象は確かにまず屋根によって与えられた。日本に開国を迫りに、黒船に乗ってやってきたペリーは、最初に目にした日本の藁葺《わらぶ》きの建物を、「穀物の堆積のようだ」と述べている。つまり、まず屋根が目に入ったのである。これは藁屋根ではない建物が最初にペリーの目に入ったとしても変わることのない印象であったろう。日本の建築は屋根によってそのメッセージを発するのである。これもまた、日本の建物が平屋のつらなりであることと関連している。平屋の建物は、建物の重要性の演出を大かれ少なかれ奥へ奥へと水平に展開してゆかざるを得ず、一番手前に見える壁面は入口部分の壁面にすぎないからである。

大切な建物や部屋は、どうしても奥まったところに位置せざるを得ないのが平屋の建築の宿命である。これは重要な部屋を二階に備え、その構成をファサード（建物の正面）に示す西欧の建築的伝統と対照的である。われわれは大切なものは表からは見えないという感覚に慣らされている。しかしわれわれも、重要な建物や部屋の存在を表現する手法はもっていた。それが屋根である。

基本的に同一平面上を水平に展開してゆく建物のあり方を示すには、屋根によってその下に内包された部屋を暗示する手法がもっとも自然である。事実、主要な部屋を下に収める建物は棟を高く上げ、屋根の大きな建物となるのが一般であった。日本建築の屋根は、ペリーの印象に示されるように本質的に「堆積」的なものであり、天に向かって上昇してゆくものではなく、その堆積の下に内蔵されるものを暗示する存在なのである。

現在でもなお、日本の建築の印象を屋根によって代表させる人が多いのは、そうした日本建築の本質を直観してのことである。屋根が建物の水平的な展開を暗示するものであるなら、屋根はその下に内包される部屋部屋を暗示するにふさわしく、屋根は相互につらなり、変化に富んだ構成をもつものであった方がよいということになる。

桂離宮や二条城二の丸御殿《にじょうじょうにのまるごてん》のように、建物がその部屋部屋を雁行《がんこう》させて展開してゆくときには、屋根は自然に変化に富んだ棟のつらなりとなるが、数寄屋の建築などでは意図的に屋根に変化をつける。ここにおいても、最終的な意図は屋根自体の表現ではなく、屋根の下に含まれるものの暗示である。逆説的に聞こえるかもしれないが、屋根のおもしろさは、それが垂直に展開するところにあるのではなく、その下の部屋部屋が水平に展開するからこそ生じるのである。

しばしば屋根は、「モンスーン気候の地域の建築を雨から守るために軒を深く張り出し、高く聳《そび》えるのだ」などと説明されることがある。これは素朴な機能主義的説明だから俗耳《ぞくじ》に入りやすいけれど、屋根はそうした実用的な意図だけでつくられるものではなく、その下にどのような部屋が設けられており、どのような性格の行為が行なわれるのかを暗示するものとしてデザインされてきたのである。いまでも茶室の内部で、天井が目まぐるしく変化して張られたりするのを目にするが、これはその下でどのようなひとがどのように茶事に関わるかを暗示しているのである。

屋根の架け方はデザインそのもの

戦後の新興数寄屋とよばれる建築を生み出して文化勲章を受けた建築家吉田五十八《よしだいそや》は、住宅や料亭の間取りを考えるときに、いつも「屋根が架かるような間取り」を心掛けたという。これは単純なかたちの建物にして、屋根が架けやすくするという意味ではなくて、むしろ逆に、複雑で効果的な屋根が架かるような間取りを目指したということだ。座敷がいくつかあれば、そのそれぞれに屋根が生まれるように間取りをずらしたりすることだ。そのようにしてはじめて、玄関口から奥に向かって屋根が見え隠れするお屋敷の風情が生まれる。

おなじように和風建築の名手であった大江宏という建築家も、彼が設計する建築の間取りは近代建築そのものであっても、そこに微妙に変化する屋根を架けることによって、建築を一変させたものである。彼の代表作である東京・千駄ケ谷《せんだがや》の国立能楽堂を訪ねてみれば、日本の建築にとって屋根がどれほど大きな役割を果たすかが実感できるだろう。屋根に関する話は、しばしば大江宏から聞いた。

そしてまた、これも直接聞いた話なのだが、日本建築史の大家であり、わたしの恩師である太田博太郎《おおたひろたろう》がいった言葉にこういうのがある。

「大名屋敷の絵図面が残っているけれど、あれに屋根を架けろといわれたって架けられるものじゃあない」

その意味はこうだ。大名屋敷の間取りは読み解けても、棟が連なってゆく広大な大名屋敷にどのような屋根を連ねてゆけばいいのかは、単純には決められない。屋根の架け方はデザインそのものだからだ。歴史の研究は間取りのような機能に関係する部分は調べられるけれど、屋根のようないくつもの可能性のある要素は法則を抽出できない。部屋の性格が異なるときには、必ず屋根も異なったものが架けられるというのが、日本建築の伝統なのである。

それほど屋根の構成には多様性があるのだ。逆にいえば、それほど多様に日本の建築は延び拡がってゆくものなのだ。この伝統は、温泉地の和風旅館を考えれば納得されるだろう。果てしなく延びてゆく廊下は、温泉旅館の醍醐味《だいごみ》といってよい伝統なのだし、それは水平に拡がる日本の建築が巨大化するときに必ず現われる特質なのだ。

場所の建築

水平に展開してゆく建築は、二階三階と部屋が積層することがないので、その構成はどこにどんな性格の部屋が場所を占めるかによって決められる。しかもそれぞれの部屋は外気に接することが望ましいので、全体としては建物と外部空間とのモザイクとして、建物群が構成されてゆくことになる。そうした壮大なモザイクを形成していったのが近世の大名屋敷や、いまも残る巨大温泉旅館なのだ。狭い間口の奥に延々と延びてゆく町家も、坪庭や中庭をとり込みながら構成されている点においては、そのモザイク性に変わりはない。

わが国の住まいのなかにいまでも存在する「座敷」という部屋を考えてみても、それは床・棚・書院を備え、長押《なげし》を廻《めぐ》らすといったインテリア・デザインによって成立するのではなく、それは必ず庭という外部空間につながり、それとセットになってはじめて成立するという性格をもつことが重要である。

わが国の部屋、特に座敷は庭とセットになって、はじめてスタイルを獲得する。これは歴史的に見ても、古代の寝殿造りから近世の書院造りに至るまで、わが国の中心的な部屋がもつ、もっとも重要な性格であった。庭をもつことによって、部屋は部屋として場所を占めるのだ。座敷がふたつあれば、庭もふたつ用意される。よく注意してみれば大きな民家でも、寺院の方丈でも、きちんとそのようにデザインされているのに気づくはずである。それが水平に拡がる建築のつくり方なのだ。

部屋が水平に展開してゆくときそこに、それぞれの部分に固有の性格を与えるものは何であろうか。部屋に性格を与える最大の要因は、その部屋がどこに設けられているかといら、場所の問題である。このことは、建物を性格の異なる領域の組み合わせとして構成する手法の存在を意味する。

古代の寝殿造りにおいては、寝殿正面の南庭はもっとも大切な儀式の場であったし、寝殿の南側は公式の儀式空間としての性格の強い「ハレ」の場であったと考えられている。それに対して北側の部分は私的日常的、そして女性的な性格の強い「ケ」の場と考えられる。水平に展開する古代の寝殿造りは、その構成要素を「ハレ」と「ケ」のふたつの領域としていると解釈されてきた。

『源氏物語』にでてくる「藤壺《ふじつぼ》」とか「桐壺《きりつぼ》」とかいうのは、坪庭の名前からきている。藤が植えられた坪庭なら藤壺で、桐が生えていれば桐壺というわけである。そしてそこにいる女性はその場所の名前でよばれたのだ。

こうした建築複合体における場所ごとの性格のちがいは、近世になっても「表」と「奥」という対概念となって生きつづけるといわれる。「表」は公的性格の強い場であり、「奥」は私的な性格が強い。それは男性的性格と女性的性格の場というちがいをも同時に併せもつ。江戸城における「表」と「奥」、そして「大奥」という領域を思いうかべれば、それはただちに了解されるであろう。それぞれの領域は物理的な場所のちがいでありながら、そこから社会的な意味のちがいをただちに発生させる。表医師と奥医師、表絵師と奥絵師などの称号は、場所のちがいによって社会的意味のちがいを示すものである。また、廷臣たちの社会的意味も、明治時代になってからでさえも「錦鶏《きんけい》の間祗候《ましこう》」などという称号が示すように、場所の性格に結びついたものであった。江戸時代に主君にお目見得する家臣は、どの部屋の何枚目の畳まで進むことができるかが、身分によって定められていた。社会的身分と場所が一対一に対応していたのである。水平に拡がる建築の世界では、どの場所にいるかが、文字どおり彼のあるいは彼女の社会的ポジション（場所）を表わしていた。

西欧における空間、場所

西欧における部屋の意味は、こうした水平的に展開する場所性によって与えられるものではない。極言すれば、西欧において部屋の性格がその場所によって決定されるのは、それが全体の中心に位置するときだけである。因《ちな》みに、そこに成立するのは中心と、そこからの距離という極座標的な空間構造の意識である。中心にすわるのは、国王であり法王であった。

西欧の建築も都市も、完結した自立性を備えた「空間」からできあがっていた。部屋は内法《うちのり》寸法とよばれる部屋内部の寸法で設計されたし、立方体をふたつ並べたダブルキューブという比例をもった部屋がよい部屋だとされた。

ルネサンスの理想都市パルマ・ノヴァのような、カールスルーエのような、そしてヴェルサイユのような都市は、この構造を同心円状かつ放射状の都市構造として物理的に視覚化しているが、これは極座標都市なのである。世界を「中心と周縁」として把握することは、周縁へのまなざしを目的とする場合においても、極めて西欧的なものである。基本的には、西欧文明のなかにおいて、部屋は部屋としての自立した性格によってその文化的意味を獲得するのである。独自に存在する「空間」としての性格が部屋に意味を与えるのだといってもよい。そしてこれは、水平的な展開をする日本の建物の構成が、「場所」を軸として展開することと、鋭い対照をなす。

空間と場所は、似ているようでありながらまったく異なる意味をもつ概念である。建築の目的が「空間」の創造にあるという見方は、今では常識と思われているけれど、国王を中心とした極座標を脱した後で、今度は普遍的な「空間」へ着目していったという西欧の歴史は、近代のまなざしの発見といってよい。いうまでもなく、「近代」もまた西欧の生み出したものである。一九四一年にS・ギーディオンがハーヴァード大学でのチャールズ・エリオット・ノートン記念講義をもとにして出版した『空間・時間・建築』は、そうした空間史的な建築把握の勝利を示す記念碑であった。

しかしながら、「空間」は普遍的「スペース」として宇宙にまで充満してゆくものであり、具体的には近代建築の巨匠のひとりミース・ファン・デル・ローエのいう「ユニヴァーサル・スペース」として超高層ビルに積層されてゆき、最終的には無個性な空間として批判の対象とされるに至る。世界中おなじような「空間」が充満してしまったからである。

日本の都市、名所

それに対して「場所」は固有性を失なわぬ存在の形式である。屋内に大空間の部屋を自立させ、都市内には広場という空間を同様に自立させる意識が西欧的空間意識の現われであるとするなら、道を巡らし、モザイク状に室内と庭が織りなされる日本の都市や建築の構成は、場所の意識によって形成されるものだといえよう。近代以前の日本の都市全体は建物と外部空間のモザイクだった。無論、都市のスケールで考えるならば、そこには大規模な社寺の建築から小さな長屋に至るまでのさまざまな建築が存在し、宏大《こうだい》な庭園や境内地から、小さな坪庭に至るまで外部空間にも驚くほど多様なスケールのものが存在するが、それでもなお、全体のあり方が建物の内部と外部の水平的なモザイクである点においては、同一性を保ちつづけていると考えられる。近世の江戸の町が、巨大な田舎だと批判される一方で、都市と田園のモザイク状の調和がみごとな田園都市であると擁護されるのは、結局おなじ性格を述べているのだ。

そうした意識は、都市や庭園を場所として読み解くかたちでも発動する。わが国の名所は、あくまでも場所として名づけられ、文学化されたものである。近江八景をはじめとする八景というセットによって場所を名づけることを好んだ精神は、空間の普遍性や特異性を評価するのではなく、場所のつらなりとして外界を読み解こうとするものである。八景に限らず、浮世絵の主題になった六玉川《むたまがわ》とか霊場の構成に用いられた三十三ヵ所、八十八ヵ所、そして庭園や都市のなかに意識された八十八境、そして百景などは、われわれがいかに場所にとりまかれていることを喜び、場所を経巡《へめぐ》ることに興味をもっていたかを示している。

「空間」と「場所」というキーワードによって、外界の秩序のつけ方の性格を読み解くことはおそらく可能であろう。われわれの文化のかたちは、極めて多くを「場所」の性格に負っている。それは普遍性に至りにくい特殊な性格として、一言でいえばローカルなものと見なされがちであった。しかしながら逆にローカル(局所的)であることの意味を問い直すことから、新しい文化のかたちが発見されてゆくのではないか。それは、西欧を中心とした極座標によって描かれる世界地図ではなく、「場所」のつらなりとしての新しい時代と場所の地図を描くことに役立つのではないか。

「場所の感覚」

「場所の感覚」は、近代建築の批判的方法となる視点であるだけでなく、時代の認識の方法、歴史叙述の方法としても重要な意味をもつものであるように私には思われる。その具体的な作業として、私はひとつの都市空間を歴史的に叙述する際に、それを都市という構造体としてとらえるのではなく、個々の「場所」としてとらえるという方法をとった。それはまさしく都市のなかに「場所の精神」を読み解こうとするものであり、「ゲニウス・ロキ」を探ろうとするものであった。このときに、ゲニウス・ロキという言葉を「地霊」という言葉によって置き換えることとした。

「地霊」という概念は中国にあるもののようで、「人傑地霊」すなわち人傑を生むのはその土地の地形、潜勢力のしからしむるところだという考えに由来しているらしい。また「天道地霊」という言葉もあり、これは一種の宇宙観を示すもののようである。

都市を「地霊《ゲニウス・ロキ》」によって読み解くことは、都市を政治史、制度史、計画史として読み解くのではなく、「事例（ケース・ヒストリー）」のつみ重ねとして読み解くことを意味する。都市を事例として読み解くことが、大きく言うならば、都市をそれ自体の自立性において読み解くことにつながる。それは「中心と周縁」といった構造的な把握（それは、どれほど周縁への着目を強調するものであろうとも、中心からのまなざしを消去できない把握である）を、文字どおり構造的に否定するものである。

建築を「着地」させる

方法としての「地霊《ゲニウス・ロキ》」への着目は、それゆえにこれまで一般に唱えられてきた風景論あるいは景観論とは一線を画すものであり、建築においてそれはスタティックな造型分析や構成原理の解析と称する意匠論とは明らかに対照をなすものなのである。

それは空間を場所の文脈のなかで読み解く方法であり、社会や歴史の記憶を土地のなかに読み解こうとする方法なのである。都市はそうした記憶が幾重にも張り巡らされた場所の集合体なのである。そこから、「地霊《ゲニウス・ロキ》」への注目は、建築に対するふたつの可能性を開示するものであることを述べておきたい。それはふたつの可能性というよりも、建築におけるふたつの可能性の側面をつなぎ合わせ、ふたつの側面を架橋する方向性だといった方がよいかもしれない。

ふたつの可能性の側面とは、建築をつくり上げてゆく側面と、建築を認識する側面である。この両側面は、歴史上はわかちがたく結びついたものであった。古代ローマの建築家ウィトルウィウスが、建築には意味を与える要素と意味を与えられる要素とがあると記したのはその例であり、しかもそれこそが建築論の歴史的出発点ともなる発言であった。

しかしながら現在、そしてとりわけ日本においては、建築を創造する立場と建築を見たり使ったりする立場とは、たがいに修復しがたいまでの溝によって隔てられてしまっているかのようである。建築家は難解な用語で理解不可能な理論を展開するという批難がある一方で、建築物は設計者の名前を無視され、不動産物件もしくは単なる施設としてしか認識されないという嘆きが他方でおきているのが日本の現状である。このギャップは、建築を創造する立場の言葉と享受する立場の言葉とが、その両者をつなぐ媒介項をもたないところに生じている。だが、この断絶状態がこのまままつづいて良いと考えている人はいない。とすれば、両者をつなぐ要素、両者を架橋するものは一体何であろうか。おそらくそれは、建築が企画され建設された「場所」に対する意識であろう。「場所」は、建物の敷地として白紙で建築家に提供されるものではなく、また不動産物件としてのみ取得されたものではない。「場所」に対する感覚、「場所」への意識を通じて、建築を創作する立場と享受する立場とは、たがいに共通の基盤を見出《みいだ》しうるのである。

建築家が自ら設計した建築の建つ「場所」の解釈を述べる限りにおいては、それは決して了解不可能となることなく、建築を発注し、所有し、管理し、見たり使ったりする立場のひとびとに共通の基盤を提供することになるはずである。

建築家のいうことは、訳が解からないとしばしば批判される。それは実際当たっていて、彼らの理論はどこかで途切れていることが多いのだ。建築家の説く建築論が理解不能に陥っているとするならば、それは彼らの建築論が文字どおり「場所」を喪失した、宙吊《づ》りになった理論であるからに違いなかろう。「地霊《ゲニウス・ロキ》」とは、建築を再び土地に着地させるまなざしなのであり、このまなざしが建築を創作する立場と享受する立場とを架橋するものとなるのである。

こうした視点に立って、私は以前『東京の地霊《ゲニウス・ロキ》』(ちくま学芸文庫)という本をまとめた。

今回、本書が語ってきたことは、東京だけでなく、日本のなかのいくつかの土地の物語である。それは近代の伝承、都市の伝説であるが、それらはけっして過去の物語ではなく、また死に絶えてゆく物語でもない。それらは日々生まれ、日々育ってゆく神話なのだ。人間とは場所のうえに暮らし、場所をつくり上げながら生きてゆく存在なのだ。

解説

隈　研吾

鈴木博之は、ヒンジであった。時代を転換し、日本の現代建築を転換させる、蝶番《ちょうつがい》の役割をはたした。では、どんな時代が、どんな時代へと転換されたのだろうか。どのような建築デザインが、どのような建築デザインへと変わったのだろうか。

本書の中で、鈴木自身が答えている。何かの覚悟があって、鈴木はこの本を書いたのだろう。その文章の直截《ちょくせつ》さに、その背後にある覚悟の重さに、僕はしばしば圧倒され、しばしばページを閉じ、目を閉じ、彼の思いを全身で受けとめようとつとめた。

一言でいえば、鈴木博之は、建築を「作る」時代を、「守る」時代へと転換させた。工業化社会とは建築を「作る」時代であった。二〇世紀とはそのような時代であった。建築を作り続けることで、生き延びようとした社会であった。そしてモダニズム建築とは、そのような自転車操業的社会システムにふさわしい建築様式として、生み出された。

この社会システムの限界が明らかになった時に、時代が鈴木博之を呼び出したのである。

なぜ、鈴木博之という建築史家が呼ばれたのだろうか。鈴木博之は、建築史家でありながら、「建築」よりも「場所」の方が重要であることを知っていたからである。この本の中で、鈴木は場所の重要性を繰り返している。叫ぶように繰り返している。

場所が建築よりもずっと重要であることに気づいている建築史家は、きわめて稀《まれ》である。建築史家も建築家も、「建築」がついた職業に従事しているからである。彼らは建築にしばられ、そこから自由になれない。だから、時代は鈴木博之という特別な歴史家を必要としたのである。建築によって、場所が次々と殺された時、場所が苦しい叫び声をあげて、最後に鈴木博之が呼び出されたのである。

では、彼は建築史家でありながら、なぜ建築よりも場所の方が重要であると考えるに至ったのであろうか。イギリスという場所が鍵《かぎ》を握っていると、僕は考える。

一九四五年に生まれた彼の青春は学生運動と共にあった。今振り返れば、工業化社会に対する疑義、二〇世紀という時代に対する疑問が、まず学生運動という形をとって、社会を揺さぶったのである。一九六〇年代に世界を揺さぶった学生運動が、しばしば建築学科から火を噴いたのは偶然ではない。場所が建築に対して逆襲を開始し、建築学科がまず、標的とされたのである。場所が建築に牙《きば》をむいたのである。そして鈴木博之は、学生運動の闘士であった。

問題はその運動が、その後の社会をどう変えたかである。嵐に強制的に終止符が打たれた後で、二〇世紀への異議申し立ては、どのような形で受け継がれ、展開されたのか。嵐の後、彼が出した答えは、イギリスであった。鈴木は一九七四年から一九七五年まで、イギリスで過ごし、アーツ・アンド・クラフツ運動に代表される、一九世紀末のイギリス建築を研究した。イギリスの世紀末が、世界史の中で特別な存在であり、特別な場所であったからである。工業化社会に対する、最初でしかも本格的な批判が、そこで行われたからである。アーツ・アンド・クラフツ運動の本質は、そこにあった。そして、その運動がイギリスで起こったことは、偶然ではない。イギリスは産業革命の発祥の地でありながら、あるいは発祥の地であるがゆえに、工業化という人間の危機に対して、最も敏感で繊細な場所でもあったからである。

その背景には、イギリスに特有の自然への強い憧憬《しょうけい》があった。絵画においても、庭園においても、イギリスは「自然」の発見者であった。大陸に端を発した、人工的文明、建築的文明に対する批判が、イギリスという島国の文化の根底に存在していたのである。イギリスは、文明にかわる可能性を自然の中に見出《みいだ》し、建築にかわる可能性を、場所の中に見出そうとしたのである。そこにイギリスという場所の先進性があり、可能性があった。

そして鈴木博之は、イギリスの可能性に気が付いていたからこそ、イギリスを選んだのである。彼もまたイギリスと同じように敏感であり、繊細であったからである。鈴木の個性が、世紀末のイギリスという場所と共振したのである。彼はこう記している。

地霊《ゲニウス・ロキ》という概念が注目されたのは英国の十八世紀である。この当時の美意識ではピクチュアレスクという観念が重要な役割を果たしたことが知られているが、そのピクチュアレスクの美学のなかで地霊《ゲニウス・ロキ》という視点もまた、造型の出発点を与える言葉として用いられたのである。（鈴木博之『東京の地霊』二〇〇九年、ちくま学芸文庫）

一七三一年に、アレグザンダー・ポープ（フランス式の幾何学式庭園に対する批判としての英国式庭園・風景式庭園のスタイルを確立した造園家）が著した『バーリントン卿《きょう》への書簡』という詩の中で、地霊《ゲニウス・ロキ》の概念は、土地を読み解くすべての鍵《かぎ》とされ、それ以降一挙に広まった。

この際、注意しておくべきことは、地霊《ゲニウス・ロキ》という言葉のなかに含まれるのは、単なる土地の物理的な形状に由来する可能性だけではなく、その土地のもつ文化的・歴史的・社会的な背景と性格を読み解く要素もまた含まれるということである。そうした全体的な視野を持つことで、地霊《ゲニウス・ロキ》に対して目を開くということなのである。

ゲニウス・ロキという言葉の語源はラテン語であるが、それがイギリスという場所と出会うことで、イギリスの庭園デザインをリードする概念となり、さらにその概念は世界へと広まったと、鈴木は指摘する。古代ローマに生まれた言葉を、イギリスが再発見したのである。そして、全く同様にして、地霊《ゲニウス・ロキ》という言葉は鈴木によって再発見され、日本の二〇世紀末に広まって、日本の建築界の空気を転換したのである。建築を壊し続け、作り続けることを基本とする建築文化を、建築を保存し、守り続ける建築文化へと、反転させたのである。

しかし、その転換は決して容易ではなかった。第二次大戦後の日本は、建築を壊し作るというシステムに、経済的にも、政治的にも、文化的にも依存し、そこにどっぷり浸かっていたからである。日本はどっぷりと、土建国家のシステムにはまりこんでいたからである。

地霊《ゲニウス・ロキ》という言葉を再発見した一八世紀のイギリスの造園家達は、裕福で文化レベルの高い地主達に支えられて、地霊《ゲニウス・ロキ》の導くままに、美しい庭園をデザインすることができた。しかし、鈴木博之の目の前には、全く対極的な、がさがさとした土建国家が立ちはだかっていたのである。

しかし彼は、見事にこの厚い壁に孔《あな》をあけた。イギリス的な繊細さを内に秘めながら、しかも熱く強靭《きょうじん》な精神力を持つ、怜悧《れいり》な戦略家であったからこそ、孔をあけることができたのである。だがその状況の困難さが、彼の寿命を縮めたのではないかとも僕は感じ、残念で仕方がないのである。

その鈴木の闘いの中で、地霊《ゲニウス・ロキ》という概念が大きな武器となったことは間違いがない。建築を壊すか、守るかという二項対立の不毛を克服するために、鈴木はその二つを超える上位概念として、場所というフレームを発見し、場所の持続性を地霊《ゲニウス・ロキ》と呼び換えたのである。そのように空間的にも時間的にもどっしりと大きく構えることによって、鈴木は、時代の空気を変え、戦後日本のシステムをくつがえすことに成功したのである。

そのプロセスにおいて、日本という島国がイギリスという島国に共振した。大陸的、文明的なものに対する反発において、イギリスと日本は共振したのだ。中国からしばしば新しい建築様式が輸入され、その合理的構造システム、表徴システムは、何回も日本の建築界を揺るがした。しかしそのたびごと、日本はその新様式を、場所という大きな枠組みの中で消化し、既存の環境へと融和させてきたのである。拒否するのではなく、屈服するのでもなく、場所の中に融《と》けこむ懐の深さに、日本の建築史の本質があったのである。日本の建築史の根底には、大陸的なもの、人工的でシステマティックなものへの嫌悪と批判があり、そこにイギリスとの共通点があった。

その点において、東京大学建築学科（工部大学校）の初代教授、ジョサイア・コンドル（一八五二－一九二〇）と鈴木博之は、多くの平行性を有している。コンドルは、ウィリアム・モリスと共に工業化に異議を唱え、中世への回帰を主張したイギリスの建築家、ウィリアム・バージェスの弟子であった。そのような思想、資質を持つ人間だからこそ、近代以前のある種中世的状況にある日本に惹《ひ》かれ、日本で生涯を送り、その地に骨をうずめたのである。そのコンドルは、明治時代の主要建築物を数多く手がけ、数多くの弟子を育てた。その意味で建築の明治時代とは、日本とイギリスとの共振から、そもそもスタートしたのである。コンドルがその共振を体現し、鈴木博之が、眠っていた類似性を掘り起こし、再び二〇世紀末、このふたつの島国の間で、共振が起こったのである。

最後に僕の鈴木博之との個人的エピソードを付け加える。鈴木がイギリスから戻って、最初に教えたのが僕のクラスであった。鈴木の授業は、建築学科のほかの授業とは全く異質だった。彼のおかげで僕は建築につなぎとめられた。当時の建築教育は、僕にとって、きわめて退屈であったからである。みな建築を教えてくれるが、その背後にあってしかるべき、文化的、人間的な背景は、誰も教えてくれなかった。人間が建築を作り、場所という持続性の上に建築は立っているにもかかわらず、人間も場所も、建築学科の中に見出すことはできなかった。

鈴木の授業は全く異質だった。豊富なエピソードと、具体的なディテールに対する観察の鋭さで、僕らは話に引き込まれ、圧倒された。建築はやっぱりおもしろい。捨てたものではないと思いなおした。

僕だけではなく、鈴木博之の後に来たすべての学生、建築家が、彼によって救われた。コンドルによって、日本の近代に生気が与えられたように、鈴木博之によって、日本の現代は息を吹き返した。だからこそ、『日本の地霊《ゲニウス・ロキ》』は読まれ続けなければならない。

（建築家・東京大学教授）

本書は一九九九年一二月、講談社現代新書として
刊行されました。
旧版刊行時の組織名や建築物の状況に変更がある
場合に限り、［　］として注記しました。

日本《にほん》の地霊《ゲニウス・ロキ》

鈴木博之《すずきひろゆき》

平成29年 3月25日 初版発行
令和7年 2月5日 8版発行

発行者●山下直久

発行●株式会社KADOKAWA
〒102-8177 東京都千代田区富士見2-13-3
電話 0570-002-301(ナビダイヤル)

角川文庫 20263

印刷所●株式会社KADOKAWA
製本所●株式会社KADOKAWA

表紙画●和田三造

◎本書の無断複製(コピー、スキャン、デジタル化等)並びに無断複製物の譲渡および配信は、著作権法上での例外を除き禁じられています。また、本書を代行業者等の第三者に依頼して複製する行為は、たとえ個人や家庭内での利用であっても一切認められておりません。
◎定価はカバーに表示してあります。

●お問い合わせ
https://www.kadokawa.co.jp/ (「お問い合わせ」へお進みください)
※内容によっては、お答えできない場合があります。
※サポートは日本国内のみとさせていただきます。
※Japanese text only

©Tokiko Suzuki 1999, 2017 Printed in Japan
ISBN978-4-04-400190-2 C0152

角川文庫発刊に際して

角川源義

第二次世界大戦の敗北は、軍事力の敗北であった以上に、私たちの若い文化力の敗退であった。私たちの文化が戦争に対して如何に無力であり、単なるあだ花に過ぎなかったかを、私たちは身を以て体験し痛感した。西洋近代文化の摂取にとって、明治以後八十年の歳月は決して短かすぎたとは言えない。にもかかわらず、近代文化の伝統を確立し、自由な批判と柔軟な良識に富む文化層として自らを形成することに私たちは失敗して来た。そしてこれは、各層への文化の普及滲透を任務とする出版人の責任でもあった。

一九四五年以来、私たちは再び振出しに戻り、第一歩から踏み出すことを余儀なくされた。これは大きな不幸ではあるが、反面、これまでの混沌・未熟・歪曲の中にあった我が国の文化に秩序と確たる基礎を齎らすためには絶好の機会でもある。角川書店は、このような祖国の文化的危機にあたり、微力をも顧みず再建の礎石たるべき抱負と決意とをもって出発したが、ここに創立以来の念願を果すべく角川文庫を発刊する。これまで刊行されたあらゆる全集叢書文庫類の長所と短所とを検討し、古今東西の不朽の典籍を、良心的編集のもとに、廉価に、そして書架にふさわしい美本として、多くのひとびとに提供しようとする。しかし私たちは徒らに百科全書的な知識のジレッタントを作ることを目的とせず、あくまで祖国の文化に秩序と再建への道を示し、この文庫を角川書店の栄ある事業として、今後永久に継続発展せしめ、学芸と教養との殿堂として大成せんことを期したい。多くの読書子の愛情ある忠言と支持とによって、この希望と抱負とを完遂せしめられんことを願う。

一九四九年五月三日

角川ソフィア文庫ベストセラー

おくのほそ道を旅しよう　田辺聖子

数々の名句に誘われ、芭蕉の足跡、名作の舞台を辿る旅に出た田辺聖子。旅を愛する作家は自らの足で芭蕉を再発見し、東北の地の霊力に心を揺さぶられていく。名作古典の新たな魅力をひらく紀行エッセイ。

東海道中膝栗毛を旅しよう　田辺聖子

弥次・北、そして十返舎一九とともに歩むかのように名作古典の舞台を自ら辿った紀行エッセイ。気さくで気取りのない江戸の滑稽の陰に、日本人が失った「生々たる猥雑」の輝きを見出していく。

聖地感覚　鎌田東二

聖地の力の謎を求め、京都・東山修験道に赴いた。深い森に迷い、日常の常識を手放した時、身体の奥底から湧き上がってきたものとは。人間の中に秘められた野生の声を描く、画期的な聖地のフィールドワーク！

百万都市　江戸の生活　北原進

熱い湯の銭湯でのやせ我慢、盛り上がる初物の売りだし日、贈答品のリサイクル――。現在の東京へとつながる江戸人の暮らしとその性格を明らかにし、いまも息づく「江戸の精神」を説き起こす江戸庶民史。

百万都市　江戸の経済　北原進

「宵越しの銭は持たぬ」が信条の江戸っ子たちの暮らしぶりとはどのようなものだったのか。四季折々の庶民行事と祭祀、諸国への旅、富くじ……名所図会など、豊富な史料を使いつつ、江戸人の経済事情に迫る。

角川ソフィア文庫ベストセラー

論語と算盤
渋沢栄一

孔子の教えに従って、道徳に基づく商売をする――。日本実業界の父・渋沢栄一が、後進の企業家を育成するために経営哲学を語った談話集。金儲けと社会貢献の均衡を図る、品格ある経営人のためのバイブル。

渋沢百訓
論語・人生・経営

渋沢栄一

日本実業界の父が、論語の精神に基づくビジネスマンの処し方をまとめた談話集『青淵百話』から五七話を精選。『論語と算盤』よりわかりやすく、渋沢の才気と後進育成への熱意にあふれた、現代人必読の書。

愛の空間
男と女はどこで結ばれてきたのか

井上章一

性行為専用の空間を持ち、独特の趣向を求めるのは日本だけに見られる現象である。なぜ屋内を好み、意匠にこだわるようになったのか――。日本人の男女が愛し合う場所の変遷をたどる、性愛空間の文化史。

京都の三大祭
所功

古式ゆかしい王朝絵巻のような葵祭、壮麗な山鉾・花傘が巡行する祇園祭、各時代の装束が鮮やかな時代祭。三祭三様の由来と見どころをふまえ、京都千二百年の歴史をたどり、日本の祭文化の本質を探り出す。

日本の家
中川武

四季や習俗と共に生きてきた日本人。その知恵や美意識が込められた伝統的な住宅建築の真髄とは？ 歴史や変遷、計算された構造を紐解きながら、美しい写真とともに世界が憧れた日本建築の全てをたどる。